CHINÊS

VOCABULÁRIO

PORTUGUÊS BRASILEIRO

PORTUGUÊS
CHINÊS

Para alargar o seu léxico e apurar
as suas competências linguísticas

5000 palavras

Vocabulário Português Brasileiro-Chinês - 5000 palavras
Por Andrey Taranov

Os vocabulários da T&P Books destinam-se a ajudar a aprender, a memorizar, e a rever palavras estrangeiras. O dicionário é dividido em temas, cobrindo todas as principais esferas de atividades quotidianas, negócios, ciência, cultura, etc.

O processo de aprendizagem, utilizando os dicionários baseados em temáticas da T&P Books dá-lhe as seguintes vantagens:

- Informação de origem corretamente agrupada predetermina o sucesso em fases subsequentes da memorização de palavras
- Disponibilização de palavras derivadas da mesma raiz, o que permite a memorização de unidades de texto (em vez de palavras separadas)
- Pequenas unidades de palavras facilitam o processo de estabelecimento de vínculos associativos necessários para a consolidação do vocabulário
- O nível de conhecimento da língua pode ser estimado pelo número de palavras aprendidas

T&P Books Publishing
www.tpbooks.com

ISBN: 978-1-78767-377-9

Este livro também está disponível em formato E-book.
Por favor visite www.tpbooks.com ou as principais livrarias on-line.

VOCABULÁRIO CHINÊS
palavras mais úteis

Os vocabulários da T&P Books destinam-se a ajudar a aprender, a memorizar, e a rever palavras estrangeiras. O vocabulário contém mais de 5000 palavras de uso comum organizadas tematicamente.

O vocabulário contém as palavras mais comummente usadas

Recomendado como adicional para qualquer curso de línguas

Satisfaz as necessidades dos iniciados e dos alunos avançados de línguas estrangeiras

Conveniente para o uso diário, sessões de revisão e atividades de auto-teste

Permite avaliar o seu vocabulário

Características especias do vocabulário

*   As palavras estão organizadas de acordo com o seu significado, e não por ordem alfabética
*   As palavras são apresentadas em três colunas para facilitar os processos de revisão e auto-teste
*   As palavras compostas são divididas em pequenos blocos para facilitar o processo de aprendizagem
*   O vocabulário oferece uma transcrição simples e adequada de cada palavra estrangeira

O vocabulário contém 155 tópicos incluindo:

Conceitos básicos, Números, Cores, Meses, Estações do ano, Unidades de medida, Roupas & Acessórios, Alimentos & Nutrição, Restaurante, Membros da Família, Parentes, Caráter, Sentimentos, Emoções, Doenças, Cidade, Passeios, Compras, Dinheiro, Casa, Lar, Escritório, Trabalho no Escritório, Importação & Exportação, Marketing, Pesquisa de Emprego, Esportes, Educação, Computador, Internet, Ferramentas, Natureza, Países, Nacionalidades e muito mais ...

TABELA DE CONTEÚDOS

GUIA DE PRONUNCIAÇÃO

Letra	Exemplo Chinês	Alfabeto fonético T&P	Exemplo Português
a	tóufa	[a]	chamar
ai	hǎi	[aɪ]	cereais
an	bèipàn	[an]	anular
ang	pǐncháng	[ɑ̃]	jantar
ao	gǎnmào	[aʊ]	produção
b	Bànfǎ	[p]	presente
c	cǎo	[tsh]	[ts] aspirado
ch	chē	[ʧh]	[tsch] aspirado
d	dǐdá	[t]	tulipa
e	dēngjì	[ɛ]	mesquita
ei	běihǎi	[eɪ]	seis
en	xúnwèn	[ə]	milagre
eng	bēngkuì	[ə̃]	entusiasmo
er	érzi	[ɛr]	querer
f	fǎyuàn	[f]	safári
g	gōnglù	[k]	aquilo
h	hǎitún	[h]	[h] aspirada
i	fēijī	[i:]	cair
ia	jiā	[jɑ]	Himalaias
ian	kànjiàn	[jʌn]	pianista
ie	jiéyuē	[je]	folheto
in	cónglín	[i:n]	canino
j	jīqì	[tɕ]	tchetcheno
k	kuàilè	[kh]	[k] aspirada
l	lúnzi	[l]	libra
m	hémǎ	[m]	magnólia
n	nǐ hǎo	[n]	natureza
o	yǐbō	[ɔ]	emboço
ong	chénggōng	[ʊ̃]	conjunto
ou	běiměizhōu	[ɔʊ]	chow-chow
p	pào	[ph]	[p] aspirada
q	qiáo	[ʧ]	Tchim-tchim!
r	rè	[ʒ]	talvez
s	sàipǎo	[s]	sanita
sh	shāsǐ	[ʃ]	mês
t	tūrán	[th]	[t] aspirada
u	dáfù	[u], [ʊ]	bonita
ua	chuán	[ua]	qualidade
un	yúchǔn	[u:n], [ʊn]	boneca
ü	lǚxíng	[y]	questionar
ün	shēnyùn	[jun]	nacional

Letra	Exemplo Chinês	Alfabeto fonético T&P	Exemplo Português
uo	zuòwèi	[uɔ]	álcool
w	wùzhì	[w]	página web
x	xiǎo	[ɕ]	shiatsu
z	zérèn	[ʦ]	tsé-tsé
zh	zhǎo	[dʒ]	adjetivo

Comentários

Primeiro tom (alto, contínuo) No primeiro tom, o tom de voz permanece constante e ligeiramente alto ao longo da sílaba. Exemplo: mā Segundo tom (crescendo) No segundo tom, o tom de voz aumenta ligeiramente enquanto pronuncia a sílaba. Exemplo: má Terceiro tom (caindo-crescendo) No terceiro tom, o tom de voz baixa, e depois volta a subir na mesma sílaba. Exemplo: mǎ Quarto tom (caindo) No quarto tom, o tom de voz desce abruptamente durante a sílaba. Exemplo: mà Quinto tom (tom neutro) No tom neutro o tom da voz depende da palavra que se está a dizer, mas normalmente é dito mais breve e mais suave que as outras sílabas. Exemplo: ma

ABREVIATURAS
usadas no vocabulário

Abreviaturas do Português

adj	-	adjetivo
adv	-	advérbio
anim.	-	animado
conj.	-	conjunção
desp.	-	esporte
etc.	-	Etcetera
ex.	-	por exemplo
f	-	nome feminino
f pl	-	feminino plural
fem.	-	feminino
inanim.	-	inanimado
m	-	nome masculino
m pl	-	masculino plural
m, f	-	masculino, feminino
masc.	-	masculino
mat.	-	matemática
mil.	-	militar
pl	-	plural
prep.	-	preposição
pron.	-	pronome
sb.	-	sobre
sing.	-	singular
v aux	-	verbo auxiliar
vi	-	verbo intransitivo
vi, vt	-	verbo intransitivo, transitivo
vr	-	verbo reflexivo
vt	-	verbo transitivo

CONCEITOS BÁSICOS

Conceitos básicos. Parte 1

1. Pronomes

eu	我	wǒ
você	你	nǐ
ele	他	tā
ela	她	tā
ele, ela (neutro)	它	tā
nós	我们	wǒ men
vocês	你们	nǐ men
eles	他们	tā men
elas	她们	tā men

2. Cumprimentos. Saudações. Despedidas

Oi!	你好！	nǐ hǎo!
Olá!	你们好！	nǐmen hǎo!
Bom dia!	早上好！	zǎo shàng hǎo!
Boa tarde!	午安！	wǔ ān!
Boa noite!	晚上好！	wǎn shàng hǎo!
cumprimentar (vt)	问好	wèn hǎo
Oi!	你好！	nǐ hǎo!
saudação (f)	问候	wèn hòu
saudar (vt)	欢迎	huān yíng
Tudo bem?	你好吗？	nǐ hǎo ma?
E aí, novidades?	有 什么 新 消息？	yǒu shénme xīn xiāoxi?
Tchau! Até logo!	再见！	zài jiàn!
Até breve!	回头见！	huí tóu jiàn!
Adeus!	再见！	zài jiàn!
despedir-se (dizer adeus)	说再见	shuō zài jiàn
Até mais!	回头见！	huí tóu jiàn!
Obrigado! -a!	谢谢！	xièxie!
Muito obrigado! -a!	多谢！	duō xiè!
De nada	不客气	bù kè qi
Não tem de quê	不用谢谢！	bùyòng xièxie!
Não foi nada!	没什么	méi shén me
Desculpa! -pe!	请原谅	qǐng yuán liàng
desculpar-se (vr)	道歉	dào qiàn

Me desculpe	我道歉	wǒ dào qiàn
Desculpe!	对不起!	duì bu qǐ!
perdoar (vt)	原谅	yuán liàng
por favor	请	qǐng

Não se esqueça!	别忘了!	bié wàng le!
Com certeza!	当然!	dāng rán!
Claro que não!	当然不是!	dāng rán bù shi!
Está bem! De acordo!	同意!	tóng yì!
Chega!	够了!	gòu le!

3. Como se dirigir a alguém

senhor	先生	xiān sheng
senhora	夫人	fū ren
senhorita	姑娘	gū niang
jovem	年轻人	nián qīng rén
menino	小男孩	xiǎo nán hái
menina	小女孩	xiǎo nǚ hái

4. Números cardinais. Parte 1

zero	零	líng
um	一	yī
dois	二	èr
três	三	sān
quatro	四	sì

cinco	五	wǔ
seis	六	liù
sete	七	qī
oito	八	bā
nove	九	jiǔ

dez	十	shí
onze	十一	shí yī
doze	十二	shí èr
treze	十三	shí sān
catorze	十四	shí sì

quinze	十五	shí wǔ
dezesseis	十六	shí liù
dezessete	十七	shí qī
dezoito	十八	shí bā
dezenove	十九	shí jiǔ

vinte	二十	èrshí
vinte e um	二十一	èrshí yī
vinte e dois	二十二	èrshí èr
vinte e três	二十三	èrshí sān
trinta	三十	sānshí
trinta e um	三十一	sānshí yī

trinta e dois	三十二	sānshí èr
trinta e três	三十三	sānshí sān
quarenta	四十	sìshí
quarenta e um	四十一	sìshí yī
quarenta e dois	四十二	sìshí èr
quarenta e três	四十三	sìshí sān
cinquenta	五十	wǔshí
cinquenta e um	五十一	wǔshí yī
cinquenta e dois	五十二	wǔshí èr
cinquenta e três	五十三	wǔshí sān
sessenta	六十	liùshí
sessenta e um	六十一	liùshí yī
sessenta e dois	六十二	liùshí èr
sessenta e três	六十三	liùshí sān
setenta	七十	qīshí
setenta e um	七十一	qīshí yī
setenta e dois	七十二	qīshí èr
setenta e três	七十三	qīshí sān
oitenta	八十	bāshí
oitenta e um	八十一	bāshí yī
oitenta e dois	八十二	bāshí èr
oitenta e três	八十三	bāshí sān
noventa	九十	jiǔshí
noventa e um	九十一	jiǔshí yī
noventa e dois	九十二	jiǔshí èr
noventa e três	九十三	jiǔshí sān

5. Números cardinais. Parte 2

cem	一百	yī bǎi
duzentos	两百	liǎng bǎi
trezentos	三百	sān bǎi
quatrocentos	四百	sì bǎi
quinhentos	五百	wǔ bǎi
seiscentos	六百	liù bǎi
setecentos	七百	qī bǎi
oitocentos	八百	bā bǎi
novecentos	九百	jiǔ bǎi
mil	一千	yī qiān
dois mil	两千	liǎng qiān
três mil	三千	sān qiān
dez mil	一万	yī wàn
cem mil	十万	shí wàn
um milhão	百万	bǎi wàn
um bilhão	十亿	shíyì

6. Números ordinais

primeiro (adj)	第一	dì yī
segundo (adj)	第二	dì èr
terceiro (adj)	第三	dì sān
quarto (adj)	第四	dì sì
quinto (adj)	第五	dì wǔ
sexto (adj)	第六	dì liù
sétimo (adj)	第七	dì qī
oitavo (adj)	第八	dì bā
nono (adj)	第九	dì jiǔ
décimo (adj)	第十	dì shí

7. Números. Frações

fração (f)	分数	fēnshù
um meio	二分之一	èrfēn zhīyī
um terço	三分之一	sānfēn zhīyī
um quarto	四分之一	sìfēn zhīyī
um oitavo	八分之一	bāfēn zhīyī
um décimo	十分之一	shífēn zhīyī
dois terços	三分之二	sānfēn zhīèr
três quartos	四分之三	sìfēn zhīsān

8. Números. Operações básicas

subtração (f)	减法	jiǎn fǎ
subtrair (vi, vt)	减，减去	jiǎn, jiǎn qù
divisão (f)	除法	chú fǎ
dividir (vt)	除	chú
adição (f)	加法	jiā fǎ
somar (vt)	加	jiā
adicionar (vt)	加	jiā
multiplicação (f)	乘法	chéng fǎ
multiplicar (vt)	乘	chéng

9. Números. Diversos

algarismo, dígito (m)	数字	shù zì
número (m)	数	shù
numeral (m)	数词	shù cí
menos (m)	负号	fù hào
mais (m)	正号	zhèng hào
fórmula (f)	公式	gōng shì
cálculo (m)	计算	jì suàn
contar (vt)	计算	jì suàn

| calcular (vt) | 结算 | jié suàn |
| comparar (vt) | 比较 | bǐ jiào |

Quanto, -os, -as?	多少?	duōshao?
soma (f)	和	hé
resultado (m)	结果	jié guǒ
resto (m)	余数	yú shù

alguns, algumas ...	几个	jǐ gè
pouco (~ tempo)	不多	bù duō
resto (m)	剩下的	shèng xià de
um e meio	一个半	yī gè bàn
dúzia (f)	一打	yī dá

ao meio	成两半	chéng liǎng bàn
em partes iguais	平均地	píng jūn de
metade (f)	一半	yī bàn
vez (f)	次	cì

10. Os verbos mais importantes. Parte 1

abrir (vt)	开	kāi
acabar, terminar (vt)	结束	jié shù
aconselhar (vt)	建议	jià nyì
adivinhar (vt)	猜中	cāi zhòng
advertir (vt)	警告	jǐng gào

ajudar (vt)	帮助	bāng zhù
almoçar (vi)	吃午饭	chī wǔ fàn
alugar (~ um apartamento)	租房	zū fáng
amar (pessoa)	爱	ài
ameaçar (vt)	威胁	wēi xié

anotar (escrever)	记录	jì lù
apressar-se (vr)	赶紧	gǎn jǐn
arrepender-se (vr)	后悔	hòu huǐ
assinar (vt)	签名	qiān míng
brincar (vi)	开玩笑	kāi wán xiào

brincar, jogar (vi, vt)	玩	wán
buscar (vt)	寻找	xún zhǎo
caçar (vi)	打猎	dǎ liè
cair (vi)	跌倒	diē dǎo
cavar (vt)	挖	wā
chamar (~ por socorro)	呼	hū

chegar (vi)	来到	lái dào
chorar (vi)	哭	kū
começar (vt)	开始	kāi shǐ
comparar (vt)	比较	bǐ jiào
concordar (dizer "sim")	同意	tóng yì

| confiar (vt) | 信任 | xìn rèn |
| confundir (equivocar-se) | 混淆 | hùn xiáo |

conhecer (vt)	认识	rèn shi
contar (fazer contas)	计算	jì suàn
contar com ...	指望	zhǐ wàng
continuar (vt)	继续	jì xù
controlar (vt)	控制	kòng zhì
convidar (vt)	邀请	yāo qǐng
correr (vi)	跑	pǎo
criar (vt)	创造	chuàng zào
custar (vt)	价钱为	jià qian wèi

11. Os verbos mais importantes. Parte 2

dar (vt)	给	gěi
dar uma dica	暗示	àn shì
decorar (enfeitar)	装饰	zhuāng shì
defender (vt)	保卫	bǎo wèi
deixar cair (vt)	掉	diào
descer (para baixo)	下来	xià lai
desculpar-se (vr)	道歉	dào qiàn
dirigir (~ uma empresa)	管理	guǎn lǐ
discutir (notícias, etc.)	讨论	tǎo lùn
disparar, atirar (vi)	射击	shè jī
dizer (vt)	说	shuō
duvidar (vt)	怀疑	huái yí
encontrar (achar)	找到	zhǎo dào
enganar (vt)	骗	piàn
entender (vt)	明白	míng bai
entrar (na sala, etc.)	进来	jìn lái
enviar (uma carta)	寄	jì
errar (enganar-se)	犯错	fàn cuò
escolher (vt)	选	xuǎn
esconder (vt)	藏	cáng
escrever (vt)	写	xiě
esperar (aguardar)	等	děng
esperar (ter esperança)	希望	xī wàng
esquecer (vt)	忘	wàng
estudar (vt)	学习	xué xí
exigir (vt)	要求	yāo qiú
existir (vi)	存在	cún zài
explicar (vt)	说明	shuō míng
falar (vi)	说	shuō
faltar (a la escuela, etc.)	错过	cuò guò
fazer (vt)	做	zuò
ficar em silêncio	沉默	chén mò
gabar-se (vr)	自夸	zì kuā
gostar (apreciar)	喜欢	xǐ huan
gritar (vi)	叫喊	jiào hǎn

guardar (fotos, etc.)	保存	bǎo cún
informar (vt)	通知	tōng zhī
insistir (vi)	坚持	jiān chí
insultar (vt)	侮辱	wǔ rǔ
interessar-se (vr)	对 … 感兴趣	duì … gǎn xìng qù
ir (a pé)	走	zǒu
ir nadar	去游泳	qù yóu yǒng
jantar (vi)	吃晚饭	chī wǎn fàn

12. Os verbos mais importantes. Parte 3

ler (vt)	读	dú
libertar, liberar (vt)	解放	jiě fàng
matar (vt)	杀死	shā sǐ
mencionar (vt)	提到	tí dào
mostrar (vt)	展示	zhǎn shì
mudar (modificar)	改变	gǎi biàn
nadar (vi)	游泳	yóuyǒng
negar-se a … (vr)	拒绝	jù jué
objetar (vt)	反对	fǎn duì
observar (vt)	观察	guān chá
ordenar (mil.)	命令	mìng lìng
ouvir (vt)	听见	tīng jiàn
pagar (vt)	付，支付	fù, zhī fù
parar (vi)	停	tíng
parar, cessar (vt)	停止	tíng zhǐ
participar (vi)	参与	cān yù
pedir (comida, etc.)	订	dìng
pedir (um favor, etc.)	请求	qǐng qiú
pegar (tomar)	拿	ná
pegar (uma bola)	抓住	zhuā zhù
pensar (vi, vt)	想	xiǎng
perceber (ver)	注意到	zhù yì dào
perdoar (vt)	原谅	yuán liàng
perguntar (vt)	问	wèn
permitir (vt)	允许	yǔn xǔ
pertencer a … (vi)	属于	shǔ yú
planejar (vt)	计划	jì huà
poder (~ fazer algo)	能	néng
possuir (uma casa, etc.)	拥有	yōng yǒu
preferir (vt)	宁愿	nìng yuàn
preparar (vt)	做饭	zuò fàn
prever (vt)	预见	yù jiàn
prometer (vt)	承诺	chéng nuò
pronunciar (vt)	发音	fā yīn
propor (vt)	提议	tí yì
punir (castigar)	惩罚	chéng fá

quebrar (vt)	打破	dǎ pò
queixar-se de ...	抱怨	bào yuàn
querer (desejar)	想，想要	xiǎng, xiǎng yào

13. Os verbos mais importantes. Parte 4

ralhar, repreender (vt)	责骂	zé mà
recomendar (vt)	推荐	tuī jiàn
repetir (dizer outra vez)	重复	chóng fù
reservar (~ um quarto)	预订	yù dìng
responder (vt)	回答	huí dá

rezar, orar (vi)	祈祷	qí dǎo
rir (vi)	笑	xiào
roubar (vt)	偷窃	tōu qiè
saber (vt)	知道	zhī dào
sair (~ de casa)	走出去	zǒu chū qù

salvar (resgatar)	救出	jiù chū
seguir (~ alguém)	跟随	gēn suí
sentar-se (vr)	坐下	zuò xia
ser necessário	需要	xū yào

ser, estar	当	dāng
significar (vt)	表示	biǎo shì
sorrir (vi)	微笑	wēi xiào
subestimar (vt)	轻视	qīng shì
surpreender-se (vr)	吃惊	chī jīng

tentar (~ fazer)	试图	shì tú
ter (vt)	有	yǒu
ter fome	饿	è

ter medo	害怕	hài pà
ter sede	渴	kě
tocar (com as mãos)	摸	mō
tomar café da manhã	吃早饭	chī zǎo fàn
trabalhar (vi)	工作	gōng zuò
traduzir (vt)	翻译	fān yì

unir (vt)	联合	lián hé
vender (vt)	卖	mài
ver (vt)	见，看见	jiàn, kàn jiàn
virar (~ para a direita)	转弯	zhuǎn wān
voar (vi)	飞	fēi

14. Cores

cor (f)	颜色	yán sè
tom (m)	色调	sè diào
tonalidade (m)	色调	sè diào
arco-íris (m)	彩虹	cǎi hóng

branco (adj)	白的	bái de
preto (adj)	黑色的	hēi sè de
cinza (adj)	灰色的	huī sè de

verde (adj)	绿色的	lǜ sè de
amarelo (adj)	黄色的	huáng sè de
vermelho (adj)	红色的	hóng sè de

azul (adj)	蓝色的	lán sè
azul claro (adj)	天蓝色的	tiānlán sè
rosa (adj)	粉红色的	fěnhóng sè
laranja (adj)	橙色的	chéng sè de
violeta (adj)	紫色的	zǐ sè de
marrom (adj)	棕色的	zōng sè de

| dourado (adj) | 金色的 | jīn sè de |
| prateado (adj) | 银白色的 | yín bái sè de |

bege (adj)	浅棕色的	qiǎn zōng sè de
creme (adj)	奶油色的	nǎi yóu sè de
turquesa (adj)	青绿色的	qīng lǜ sè de
vermelho cereja (adj)	樱桃色的	yīng táo sè de
lilás (adj)	淡紫色的	dànzǐ sè de
carmim (adj)	深红色的	shēn hóng sè de

claro (adj)	淡色的	dàn sè de
escuro (adj)	深色的	shēn sè de
vivo (adj)	鲜艳的	xiān yàn de

de cor	有色的	yǒu sè de
a cores	彩色的	cǎi sè de
preto e branco (adj)	黑白色的	hēi bái sè de
unicolor (de uma só cor)	单色的	dān sè de
multicolor (adj)	杂色的	zá sè de

15. Questões

Quem?	谁？	shéi?
O que?	什么？	shén me?
Onde?	在哪儿？	zài nǎr?
Para onde?	到哪儿？	dào nǎr?
De onde?	从哪儿来？	cóng nǎr lái?
Quando?	什么时候？	shénme shíhou?
Para quê?	为了什么目的？	wèile shénme mùdì?
Por quê?	为什么？	wèi shénme?

Para quê?	为了什么目的？	wèile shénme mùdì?
Como?	如何？	rú hé?
Qual (~ deles?)	哪个？	nǎ ge?

A quem?	给谁？	gěi shéi?
De quem?	关于谁？	guān yú shéi?
Do quê?	关于什么？	guān yú shénme?
Com quem?	跟谁？	gēns héi?

| Quanto, -os, -as? | 多少? | duōshao? |
| De quem (~ é isto?) | 谁的? | shéi de? |

16. Preposições

com (prep.)	和，跟	hé, gēn
sem (prep.)	没有	méi yǒu
a, para (exprime lugar)	往	wǎng
sobre (ex. falar ~)	关于	guān yú
antes de ...	在 ··· 之前	zài ... zhī qián
em frente de ...	在 ··· 前面	zài ... qián mian
debaixo de ...	在 ··· 下面	zài ... xià mian
sobre (em cima de)	在 ··· 上方	zài ... shàng fāng
em ..., sobre ...	在 ··· 上	zài ... shàng
de, do (sou ~ Rio de Janeiro)	从	cóng
de (feito ~ pedra)	··· 做的	... zuò de
em (~ 3 dias)	在 ··· 之后	zài ... zhī hòu
por cima de ...	跨过	kuà guò

17. Palavras funcionais. Advérbios. Parte 1

Onde?	在哪儿?	zài nǎr?
aqui	在这儿	zài zhèr
lá, ali	那儿	nàr
em algum lugar	某处	mǒu chù
em lugar nenhum	无处	wú chù
perto de ...	在 ··· 旁边	zài ... páng biān
perto da janela	在窗户旁边	zài chuānghu páng biān
Para onde?	到哪儿?	dào nǎr?
aqui	到这儿	dào zhèr
para lá	往那边	wǎng nà bian
daqui	从这里	cóng zhè lǐ
de lá, dali	从那里	cóng nà lǐ
perto	附近	fù jìn
longe	远	yuǎn
perto de ...	在 ··· 附近	zài ... fù jìn
à mão, perto	在附近，在近处	zài fù jìn, zài jìn chǔ
não fica longe	不远	bù yuǎn
esquerdo (adj)	左边的	zuǒ bian de
à esquerda	在左边	zài zuǒ bian
para a esquerda	往左	wàng zuǒ
direito (adj)	右边的	yòu bian de
à direita	在右边	zài yòu bian

para a direita	往右	wàng yòu
em frente	在前面	zài qián miàn
da frente	前 …，前面的	qián …, qián miàn de
adiante (para a frente)	先走	xiān zǒu
atrás de …	在后面	zài hòu miàn
de trás	从后面	cóng hòu miàn
para trás	往后	wàng hòu
meio (m), metade (f)	中间	zhōng jiān
no meio	在中间	zài zhōng jiān
do lado	在一边	zài yī biān
em todo lugar	到处	dào chù
por todos os lados	周围	zhōu wéi
de dentro	从里面	cóng lǐ miàn
para algum lugar	往某处	wàng mǒu chù
diretamente	径直地	jìng zhí de
de volta	往后	wàng hòu
de algum lugar	从任何地方	cóng rèn hé de fāng
de algum lugar	从某处	cóng mǒu chù
em primeiro lugar	第一	dì yī
em segundo lugar	第二	dì èr
em terceiro lugar	第三	dì sān
de repente	忽然	hū rán
no início	最初	zuì chū
pela primeira vez	初次	chū cì
muito antes de …	… 之前很久	… zhī qián hěn jiǔ
de novo	重新	chóng xīn
para sempre	永远	yǒng yuǎn
nunca	从未	cóng wèi
de novo	再	zài
agora	目前	mù qián
frequentemente	经常	jīng cháng
então	当时	dāng shí
urgentemente	紧急地	jǐn jí de
normalmente	通常	tōng cháng
a propósito, …	顺便	shùn biàn
é possível	可能	kě néng
provavelmente	大概	dà gài
talvez	可能	kě néng
além disso, …	再说 …	zài shuō …
por isso …	所以 …	suǒ yǐ …
apesar de …	尽管 …	jǐn guǎn …
graças a …	由于 …	yóu yú …
que (pron.)	什么	shén me
algo	某物	mǒu wù
alguma coisa	任何事	rèn hé shì
nada	毫不，决不	háo bù, jué bù

quem	谁	shéi
alguém (~ que …)	有人	yǒu rén
alguém (com ~)	某人	mǒu rén

ninguém	无人	wú rén
para lugar nenhum	哪里都不	nǎ lǐ dōu bù
de ninguém	无人的	wú rén de
de alguém	某人的	mǒu rén de

tão	这么	zhè me
também (gostaria ~ de …)	也	yě
também (~ eu)	也	yě

18. Palavras funcionais. Advérbios. Parte 2

Por quê?	为什么？	wèi shénme?
por alguma razão	由于某种原因	yóu yú mǒu zhǒng yuán yīn
porque …	因为 …	yīn wèi …
por qualquer razão	不知为什么	bùzhī wèi shénme

e (tu ~ eu)	和	hé
ou (ser ~ não ser)	或者，还是	huò zhě, hái shì
mas (porém)	但	dàn
para (~ a minha mãe)	为	wèi

muito, demais	太	tài
só, somente	只	zhǐ
exatamente	精确地	jīng què de
cerca de (~ 10 kg)	大约	dà yuē

aproximadamente	大概	dà gài
aproximado (adj)	大概的	dà gài de
quase	差不多	chà bu duō
resto (m)	剩下的	shèng xià de

cada (adj)	每个的	měi gè de
qualquer (adj)	任何	rèn hé
muito, muitos, muitas	许多	xǔ duō
muitas pessoas	很多人	hěn duō rén
todos	都	dōu

em troca de …	作为交换	zuò wéi jiāo huàn
em troca	作为交换	zuò wéi jiāo huàn
à mão	手工	shǒu gōng
pouco provável	几乎不	jī hū bù

provavelmente	可能	kě néng
de propósito	故意	gù yì
por acidente	偶然的	ǒu rán de

muito	很	hěn
por exemplo	例如	lì rú
entre	之间	zhī jiān
entre (no meio de)	在 … 中	zài … zhōng

tanto	这么多	zhè me duō
especialmente	特别	tè bié

Conceitos básicos. Parte 2

19. Dias da semana

segunda-feira (f)	星期一	xīng qī yī
terça-feira (f)	星期二	xīng qī èr
quarta-feira (f)	星期三	xīng qī sān
quinta-feira (f)	星期四	xīng qī sì
sexta-feira (f)	星期五	xīng qī wǔ
sábado (m)	星期六	xīng qī liù
domingo (m)	星期天	xīng qī tiān
hoje	今天	jīn tiān
amanhã	明天	míng tiān
depois de amanhã	后天	hòu tiān
ontem	昨天	zuó tiān
anteontem	前天	qián tiān
dia (m)	白天	bái tiān
dia (m) de trabalho	工作日	gōng zuò rì
feriado (m)	节日	jié rì
dia (m) de folga	休假日	xiū jià rì
fim (m) de semana	周末	zhōu mò
o dia todo	一整天	yī zhěng tiān
no dia seguinte	次日	cì rì
há dois dias	两天前	liǎng tiān qián
na véspera	前一天	qián yī tiān
diário (adj)	每天的	měi tiān de
todos os dias	每天地	měi tiān de
semana (f)	星期	xīng qī
na semana passada	上星期	shàng xīng qī
semana que vem	次周	cì zhōu
semanal (adj)	每周的	měi zhōu de
toda semana	每周	měi zhōu
duas vezes por semana	一周两次	yīzhōu liǎngcì
toda terça-feira	每个星期二	měi gè xīng qī èr

20. Horas. Dia e noite

manhã (f)	早晨	zǎo chén
de manhã	在上午	zài shàng wǔ
meio-dia (m)	中午	zhōng wǔ
à tarde	在下午	zài xià wǔ
tardinha (f)	晚间	wǎn jiān
à tardinha	在晚上	zài wǎn shang

noite (f)	夜晚	yè wǎn
à noite	夜间	yè jiān
meia-noite (f)	午夜	wǔ yè
segundo (m)	秒	miǎo
minuto (m)	分钟	fēn zhōng
hora (f)	小时	xiǎo shí
meia hora (f)	半小时	bàn xiǎo shí
quarto (m) de hora	一刻钟	yī kè zhōng
quinze minutos	十五分钟	shíwǔ fēn zhōng
vinte e quatro horas	昼夜	zhòuyè
nascer (m) do sol	日出	rì chū
amanhecer (m)	黎明	lí míng
madrugada (f)	清晨	qīng chén
pôr-do-sol (m)	日落	rì luò
de madrugada	一大早地	yī dà zǎo de
esta manhã	今天早上	jīntiān zǎo shang
amanhã de manhã	明天早上	míngtiān zǎo shang
esta tarde	今天下午	jīntiān xià wǔ
à tarde	在下午	zài xià wǔ
amanhã à tarde	明天下午	míngtiān xià wǔ
esta noite, hoje à noite	今晚	jīn wǎn
amanhã à noite	明天晚上	míngtiān wǎn shang
por volta das quatro	快到四点钟了	kuài dào sì diǎnzhōng le
às doze	十二点钟	shí èr diǎnzhōng
em vinte minutos	二十分钟 以后	èrshí fēnzhōng yǐhòu
em uma hora	在一个小时	zài yī gè xiǎo shí
a tempo	按时	àn shí
... um quarto para	差一刻	chà yī kè
dentro de uma hora	一小时内	yī xiǎo shí nèi
a cada quinze minutos	每个十五分钟	měi gè shíwǔ fēnzhōng
as vinte e quatro horas	日夜	rì yè

21. Meses. Estações

janeiro (m)	一月	yī yuè
fevereiro (m)	二月	èr yuè
março (m)	三月	sān yuè
abril (m)	四月	sì yuè
maio (m)	五月	wǔ yuè
junho (m)	六月	liù yuè
julho (m)	七月	qī yuè
agosto (m)	八月	bā yuè
setembro (m)	九月	jiǔ yuè
outubro (m)	十月	shí yuè
novembro (m)	十一月	shí yī yuè

dezembro (m)	十二月	shí èr yuè
primavera (f)	春季，春天	chūn jì
na primavera	在春季	zài chūn jì
primaveril (adj)	春天的	chūn tiān de
verão (m)	夏天	xià tiān
no verão	在夏天	zài xià tiān
de verão	夏天的	xià tiān de
outono (m)	秋天	qiū tiān
no outono	在秋季	zài qiū jì
outonal (adj)	秋天的	qiū tiān de
inverno (m)	冬天	dōng tiān
no inverno	在冬季	zài dōng jì
de inverno	冬天的	dōng tiān de
mês (m)	月，月份	yuè, yuèfèn
este mês	本月	běn yuè
mês que vem	次月	cì yuè
no mês passado	上个月	shàng gè yuè
um mês atrás	一个月前	yī gè yuè qián
em um mês	在一个月	zài yī gè yuè
em dois meses	过两个月	guò liǎng gè yuè
todo o mês	整个月	zhěnggè yuè
um mês inteiro	整个月	zhěnggè yuè
mensal (adj)	每月的	měi yuè de
mensalmente	每月	měi yuè
todo mês	每月	měi yuè
duas vezes por mês	一个月两次	yī gè yuè liǎngcì
ano (m)	年	nián
este ano	今年，本年度	jīn nián, běn nián dù
ano que vem	次年	cì nián
no ano passado	去年	qù nián
há um ano	一年前	yī nián qián
em um ano	在一年	zài yī nián
dentro de dois anos	过两年	guò liǎng nián
todo o ano	一整年	yī zhěng nián
um ano inteiro	表示一整年	biǎo shì yī zhěng nián
cada ano	每年	měi nián
anual (adj)	每年的	měi nián de
anualmente	每年	měi nián
quatro vezes por ano	一年四次	yī nián sì cì
data (~ de hoje)	日期	rìqī
data (ex. ~ de nascimento)	日期	rìqī
calendário (m)	日历	rìlì
meio ano	半年	bàn nián
seis meses	半年	bàn nián
estação (f)	季节	jì jié
século (m)	世纪	shì jì

22. Unidades de medida

peso (m)	重量	zhòng liàng
comprimento (m)	长，长度	cháng, cháng dù
largura (f)	宽度	kuān dù
altura (f)	高度	gāo dù
profundidade (f)	深度	shēn dù
volume (m)	容量	róng liàng
área (f)	面积	miàn jī
grama (m)	克	kè
miligrama (m)	毫克	háo kè
quilograma (m)	公斤	gōng jīn
tonelada (f)	吨	dūn
libra (453,6 gramas)	磅	bàng
onça (f)	盎司	àng sī
metro (m)	米	mǐ
milímetro (m)	毫米	háo mǐ
centímetro (m)	厘米	límǐ
quilômetro (m)	公里	gōng lǐ
milha (f)	英里	yīng lǐ
polegada (f)	英寸	yīng cùn
pé (304,74 mm)	英尺	yīng chǐ
jarda (914,383 mm)	码	mǎ
metro (m) quadrado	平方米	píng fāng mǐ
hectare (m)	公顷	gōng qǐng
litro (m)	升	shēng
grau (m)	度	dù
volt (m)	伏，伏特	fú, fú tè
ampère (m)	安培	ān péi
cavalo (m) de potência	马力	mǎ lì
quantidade (f)	量	liàng
um pouco de ...	一点	yī diǎn
metade (f)	一半	yī bàn
dúzia (f)	一打	yī dá
peça (f)	个	gè
tamanho (m), dimensão (f)	大小	dà xiǎo
escala (f)	比例	bǐ lì
mínimo (adj)	最低的	zuì dī de
menor, mais pequeno	最小的	zuì xiǎo de
médio (adj)	中等的	zhōng děng de
máximo (adj)	最多的	zuì duō de
maior, mais grande	最大的	zuì dà de

23. Recipientes

pote (m) de vidro	玻璃罐	bōli guàn
lata (~ de cerveja)	罐头	guàn tou

balde (m)	吊桶	diào tǒng
barril (m)	桶	tǒng
bacia (~ de plástico)	盆	pén
tanque (m)	箱	xiāng
cantil (m) de bolso	小酒壶	xiǎo jiǔ hú
galão (m) de gasolina	汽油罐	qì yóu guàn
cisterna (f)	储水箱	chǔ shuǐ xiāng
caneca (f)	马克杯	mǎkè bēi
xícara (f)	杯子	bēi zi
pires (m)	碟子	dié zi
copo (m)	杯子	bēi zi
taça (f) de vinho	酒杯	jiǔ bēi
panela (f)	炖锅	dùn guō
garrafa (f)	瓶子	píng zi
gargalo (m)	瓶颈	píng jǐng
jarra (f)	长颈玻璃瓶	chángjǐng bōli píng
jarro (m)	粘土壶	nián tǔ hú
recipiente (m)	器皿	qì mǐn
pote (m)	花盆	huā pén
vaso (m)	花瓶	huā píng
frasco (~ de perfume)	小瓶	xiǎo píng
frasquinho (m)	小玻璃瓶	xiǎo bōli píng
tubo (m)	软管	ruǎn guǎn
saco (ex. ~ de açúcar)	麻袋	má dài
sacola (~ plastica)	袋	dài
maço (de cigarros, etc.)	包，盒	bāo, hé
caixa (~ de sapatos, etc.)	盒子	hé zi
caixote (~ de madeira)	箱子	xiāng zi
cesto (m)	篮子	lán zi

O SER HUMANO

O ser humano. O corpo

24. Cabeça

cabeça (f)	头	tóu
rosto, cara (f)	脸，面孔	liǎn, miàn kǒng
nariz (m)	鼻子	bí zi
boca (f)	口，嘴	kǒu, zuǐ
olho (m)	眼	yǎn
olhos (m pl)	眼睛	yǎn jing
pupila (f)	瞳孔	tóng kǒng
sobrancelha (f)	眉毛	méi mao
cílio (f)	睫毛	jié máo
pálpebra (f)	眼皮	yǎn pí
língua (f)	舌，舌头	shé, shé tou
dente (m)	牙，牙齿	yá, yá chǐ
lábios (m pl)	唇	chún
maçãs (f pl) do rosto	颧骨	quán gǔ
gengiva (f)	齿龈	chǐ yín
palato (m)	腭	è
narinas (f pl)	鼻孔	bí kǒng
queixo (m)	颏	kē
mandíbula (f)	下颌	xià hé
bochecha (f)	脸颊	liǎn jiá
testa (f)	前额	qián é
têmpora (f)	太阳穴	tài yáng xué
orelha (f)	耳朵	ěr duo
costas (f pl) da cabeça	后脑勺儿	hòu nǎo sháo r
pescoço (m)	颈	jǐng
garganta (f)	喉部	hóu bù
cabelo (m)	头发	tóu fa
penteado (m)	发型	fà xíng
corte (m) de cabelo	发式	fà shì
peruca (f)	假发	jiǎ fà
bigode (m)	胡子	hú zi
barba (f)	胡须	hú xū
ter (~ barba, etc.)	蓄着	xù zhuó
trança (f)	辫子	biàn zi
suíças (f pl)	鬓角	bìn jiǎo
ruivo (adj)	红发的	hóng fà de
grisalho (adj)	灰白的	huī bái de

| careca (adj) | 秃头的 | tū tóu de |
| calva (f) | 秃头 | tū tóu |

| rabo-de-cavalo (m) | 马尾辫 | mǎ wěi biàn |
| franja (f) | 刘海 | liú hǎi |

25. Corpo humano

| mão (f) | 手 | shǒu |
| braço (m) | 胳膊 | gēbo |

dedo (m)	手指	shǒu zhǐ
polegar (m)	拇指	mǔ zhǐ
dedo (m) mindinho	小指	xiǎo zhǐ
unha (f)	指甲	zhǐ jia

punho (m)	拳	quán
palma (f)	手掌	shǒu zhǎng
pulso (m)	腕	wàn
antebraço (m)	前臂	qián bì
cotovelo (m)	肘	zhǒu
ombro (m)	肩膀	jiān bǎng

perna (f)	腿	tuǐ
pé (m)	脚，足	jiǎo, zú
joelho (m)	膝，膝盖	xī, xī gài
panturrilha (f)	小腿肚	xiǎo tuǐ dù
quadril (m)	臀部	tún bù
calcanhar (m)	后跟	hòu gēn

corpo (m)	身体	shēntǐ
barriga (f), ventre (m)	腹，腹部	fù, fù bù
peito (m)	胸	xiōng
seio (m)	乳房	rǔ fáng
lado (m)	体侧	tǐ cè
costas (dorso)	背	bèi
região (f) lombar	下背	xià bèi
cintura (f)	腰	yāo

umbigo (m)	肚脐	dù qí
nádegas (f pl)	臀部，屁股	tún bù, pì gu
traseiro (m)	屁股	pì gu

sinal (m), pinta (f)	痣	zhì
sinal (m) de nascença	胎痣	tāi zhì
tatuagem (f)	文身	wén shēn
cicatriz (f)	疤	bā

Vestuário & Acessórios

26. Roupa exterior. Casacos

roupa (f)	服装	fú zhuāng
roupa (f) exterior	外衣，上衣	wài yī, shàng yī
roupa (f) de inverno	寒衣	hán yī
sobretudo (m)	大衣	dà yī
casaco (m) de pele	皮大衣	pí dà yī
jaqueta (f) de pele	皮草短外套	pí cǎo duǎn wài tào
casaco (m) acolchoado	羽绒服	yǔ róng fú
casaco (m), jaqueta (f)	茄克衫	jiā kè shān
impermeável (m)	雨衣	yǔ yī
a prova d'água	不透水的	bù tòu shuǐ de

27. Vestuário de homem & mulher

camisa (f)	衬衫	chèn shān
calça (f)	裤子	kù zi
jeans (m)	牛仔裤	niú zǎi kù
paletó, terno (m)	西服上衣	xī fú shàng yī
terno (m)	套装	tào zhuāng
vestido (ex. ~ de noiva)	连衣裙	lián yī qún
saia (f)	裙子	qún zi
blusa (f)	女衬衫	nǚ chèn shān
casaco (m) de malha	针织毛衣	zhēn zhī máo yī
casaco, blazer (m)	茄克衫	jiā kè shān
camiseta (f)	T袖	T xù
short (m)	短裤	duǎn kù
training (m)	运动服	yùn dòng fú
roupão (m) de banho	浴衣	yù yī
pijama (m)	睡衣	shuì yī
suéter (m)	毛衣	máo yī
pulôver (m)	套头衫	tào tóu shān
colete (m)	马甲	mǎ jiǎ
fraque (m)	燕尾服	yàn wěi fú
smoking (m)	无尾礼服	wú wěi lǐ fú
uniforme (m)	制服	zhì fú
roupa (f) de trabalho	工作服	gōng zuò fú
macacão (m)	连体服	lián tǐ fú
jaleco (m), bata (f)	医师服	yī shī fú

28. Vestuário. Roupa interior

roupa (f) íntima	内衣	nèi yī
camiseta (f)	汗衫	hàn shān
meias (f pl)	短袜	duǎn wà
camisola (f)	睡衣	shuì yī
sutiã (m)	乳罩	rǔ zhào
meias longas (f pl)	膝上袜	xī shàng wà
meias-calças (f pl)	连裤袜	lián kù wà
meias (~ de nylon)	长筒袜	cháng tǒng wà
maiô (m)	游泳衣	yóu yǒng yī

29. Adereços de cabeça

chapéu (m), touca (f)	帽子	mào zi
chapéu (m) de feltro	礼帽	lǐ mào
boné (m) de beisebol	棒球帽	bàng qiú mào
boina (~ italiana)	鸭舌帽	yā shé mào
boina (ex. ~ basca)	贝雷帽	bèi léi mào
capuz (m)	风帽	fēng mào
chapéu panamá (m)	巴拿马草帽	bānámǎ cǎo mào
touca (f)	针织帽	zhēn zhī mào
lenço (m)	头巾	tóujīn
chapéu (m) feminino	女式帽	nǔshì mào
capacete (m) de proteção	安全帽	ān quán mào
bibico (m)	船形帽	chuán xíng mào
capacete (m)	头盔	tóu kuī
chapéu-coco (m)	圆顶礼帽	yuán dǐng lǐ mào
cartola (f)	大礼帽	dà lǐ mào

30. Calçado

calçado (m)	鞋类	xié lèi
botinas (f pl), sapatos (m pl)	短靴	duǎn xuē
sapatos (de salto alto, etc.)	翼尖鞋	yì jiān xié
botas (f pl)	靴子	xuē zi
pantufas (f pl)	拖鞋	tuō xié
tênis (~ Nike, etc.)	运动鞋	yùndòng xié
tênis (~ Converse)	胶底运动鞋	jiāodǐ yùndòng xié
sandálias (f pl)	凉鞋	liáng xié
sapateiro (m)	鞋匠	xié jiàng
salto (m)	鞋后跟	xié hòu gēn
par (m)	一双	yī shuāng
cadarço (m)	鞋带	xié dài

amarrar os cadarços	系鞋带	jì xié dài
calçadeira (f)	鞋拔	xié bá
graxa (f) para calçado	鞋油	xié yóu

31. Acessórios pessoais

luva (f)	手套	shǒu tào
mitenes (f pl)	连指手套	lián zhǐ shǒu tào
cachecol (m)	围巾	wéi jīn

óculos (m pl)	眼镜	yǎn jìng
armação (f)	眼镜框	yǎn jìng kuàng
guarda-chuva (m)	雨伞	yǔ sǎn
bengala (f)	手杖	shǒu zhàng
escova (f) para o cabelo	梳子	shū zi
leque (m)	扇子	shàn zi

gravata (f)	领带	lǐng dài
gravata-borboleta (f)	领结	lǐng jié
suspensórios (m pl)	吊裤带	diào kù dài
lenço (m)	手帕	shǒu pà

pente (m)	梳子	shū zi
fivela (f) para cabelo	发夹	fà jiā
grampo (m)	发针	fà zhēn
fivela (f)	皮带扣	pí dài kòu

| cinto (m) | 腰带 | yāo dài |
| alça (f) de ombro | 肩带 | jiān dài |

bolsa (f)	包	bāo
bolsa (feminina)	女手提包	nǚ shǒutí bāo
mochila (f)	背包	bēi bāo

32. Vestuário. Diversos

moda (f)	时装	shí zhuāng
na moda (adj)	正在流行	zhèng zài liú xíng
estilista (m)	时装设计师	shízhuāng shèjìshī

colarinho (m)	衣领，领子	yī lǐng, lǐng zi
bolso (m)	口袋	kǒu dài
de bolso	口袋的	kǒu dài de
manga (f)	袖子	xiù zi
ganchinho (m)	挂衣环	guà yī huán
bragueta (f)	前开口	qián kāi kǒu

zíper (m)	拉链	lā liàn
colchete (m)	扣子	kòu zi
botão (m)	纽扣	niǔ kòu
botoeira (casa de botão)	纽扣孔	niǔ kòu kǒng
soltar-se (vr)	掉	diào

costurar (vi)	缝纫	féng rèn
bordar (vt)	绣	xiù
bordado (m)	绣花	xiù huā
agulha (f)	针	zhēn
fio, linha (f)	线	xiàn
costura (f)	线缝	xiàn féng
sujar-se (vr)	弄脏	nòng zāng
mancha (f)	污点，污迹	wū diǎn, wū jì
amarrotar-se (vr)	起皱	qǐ zhòu
rasgar (vt)	扯破	chě pò
traça (f)	衣蛾	yī é

33. Cuidados pessoais. Cosméticos

pasta (f) de dente	牙膏	yá gāo
escova (f) de dente	牙刷	yá shuā
escovar os dentes	刷牙	shuā yá
gilete (f)	剃须刀	tì xū dāo
creme (m) de barbear	剃须膏	tì xū gāo
barbear-se (vr)	刮脸	guā liǎn
sabonete (m)	肥皂	féi zào
xampu (m)	洗发液	xǐ fā yè
tesoura (f)	剪子，剪刀	jiǎn zi, jiǎndāo
lixa (f) de unhas	指甲锉	zhǐ jia cuò
corta-unhas (m)	指甲钳	zhǐ jia qián
pinça (f)	镊子	niè zi
cosméticos (m pl)	化妆品	huà zhuāng pǐn
máscara (f)	面膜	miàn mó
manicure (f)	美甲	měi jiǎ
fazer as unhas	修指甲	xiū zhǐ jia
pedicure (f)	足部护理	zú bù hù lǐ
bolsa (f) de maquiagem	化妆包	huà zhuāng bāo
pó (de arroz)	粉	fěn
pó (m) compacto	粉盒	fěn hé
blush (m)	胭脂	yān zhī
perfume (m)	香水	xiāng shuǐ
água-de-colônia (f)	香水	xiāng shuǐ
loção (f)	润肤液	rùn fū yè
colônia (f)	古龙水	gǔ lóng shuǐ
sombra (f) de olhos	眼影	yǎn yǐng
delineador (m)	眼线笔	yǎn xiàn bǐ
máscara (f), rímel (m)	睫毛膏	jié máo gāo
batom (m)	口红	kǒu hóng
esmalte (m)	指甲油	zhǐjia yóu
laquê (m), spray fixador (m)	喷雾发胶	pēn wù fà jiāo

desodorante (m)	除臭剂	chú chòu jì
creme (m)	护肤霜	hù fū shuāng
creme (m) de rosto	面霜	miàn shuāng
creme (m) de mãos	护手霜	hù shǒu shuāng
creme (m) antirrugas	抗皱霜	kàng zhòu shuāng
de dia	白天的	bái tiān de
da noite	夜间的	yè jiān de
absorvente (m) interno	卫生棉条	wèi shēng mián tiáo
papel (m) higiênico	卫生纸	wèi shēng zhǐ
secador (m) de cabelo	吹风机	chuī fēng jī

34. Relógios de pulso. Relógios

relógio (m) de pulso	手表	shǒu biǎo
mostrador (m)	钟面	zhōng miàn
ponteiro (m)	指针	zhǐ zhēn
bracelete (em aço)	手表链	shǒu biǎo liàn
bracelete (em couro)	表带	biǎo dài
pilha (f)	电池	diàn chí
acabar (vi)	没电	méi diàn
trocar a pilha	换电池	huàn diàn chí
estar adiantado	快	kuài
estar atrasado	慢	màn
relógio (m) de parede	挂钟	guà zhōng
ampulheta (f)	沙漏	shā lòu
relógio (m) de sol	日规	rì guī
despertador (m)	闹钟	nào zhōng
relojoeiro (m)	钟表匠	zhōng biǎo jiàng
reparar (vt)	修理	xiū lǐ

Alimentação. Nutrição

35. Comida

carne (f)	肉	ròu
galinha (f)	鸡肉	jī ròu
frango (m)	小鸡	xiǎo jī
pato (m)	鸭子	yā zi
ganso (m)	鹅肉	é ròu
caça (f)	猎物	liè wù
peru (m)	火鸡	huǒ jī
carne (f) de porco	猪肉	zhū ròu
carne (f) de vitela	小牛肉	xiǎo niú ròu
carne (f) de carneiro	羊肉	yáng ròu
carne (f) de vaca	牛肉	niú ròu
carne (f) de coelho	兔肉	tù ròu
linguiça (f), salsichão (m)	香肠	xiāng cháng
salsicha (f)	小灌肠	xiǎo guàn cháng
bacon (m)	腊肉	là ròu
presunto (m)	火腿	huǒ tuǐ
pernil (m) de porco	熏火腿	xūn huǒ tuǐ
patê (m)	鹅肝酱	é gān jiàng
fígado (m)	肝	gān
guisado (m)	碎牛肉	suì niú ròu
língua (f)	口条	kǒu tiáo
ovo (m)	鸡蛋	jī dàn
ovos (m pl)	鸡蛋	jī dàn
clara (f) de ovo	蛋白	dàn bái
gema (f) de ovo	蛋黄	dàn huáng
peixe (m)	鱼	yú
mariscos (m pl)	海鲜	hǎi xiān
caviar (m)	鱼子酱	yúzǐ jiàng
caranguejo (m)	螃蟹	páng xiè
camarão (m)	虾，小虾	xiā, xiǎo xiā
ostra (f)	牡蛎	mǔ lì
lagosta (f)	龙虾	lóng xiā
polvo (m)	章鱼	zhāng yú
lula (f)	鱿鱼	yóu yú
esturjão (m)	鲟鱼	xú nyú
salmão (m)	鲑鱼	guī yú
halibute (m)	比目鱼	bǐ mù yú
bacalhau (m)	鳕鱼	xuě yú
cavala, sarda (f)	鲭鱼	qīng yú

atum (m)	金枪鱼	jīn qiāng yú
enguia (f)	鳗鱼，鳝鱼	mán yú, shàn yú
truta (f)	鳟鱼	zūn yú
sardinha (f)	沙丁鱼	shā dīng yú
lúcio (m)	狗鱼	gǒu yú
arenque (m)	鲱鱼	fēi yú
pão (m)	面包	miàn bāo
queijo (m)	奶酪	nǎi lào
açúcar (m)	糖	táng
sal (m)	盐，食盐	yán, shí yán
arroz (m)	米	mǐ
massas (f pl)	通心粉	tōng xīn fěn
talharim, miojo (m)	面条	miàn tiáo
manteiga (f)	黄油	huáng yóu
óleo (m) vegetal	植物油	zhí wù yóu
óleo (m) de girassol	向日葵油	xiàng rì kuí yóu
margarina (f)	人造奶油	rénzào nǎi yóu
azeitonas (f pl)	橄榄	gǎn lǎn
azeite (m)	橄榄油	gǎn lǎn yóu
leite (m)	牛奶	niú nǎi
leite (m) condensado	炼乳	liàn rǔ
iogurte (m)	酸奶	suān nǎi
creme (m) azedo	酸奶油	suān nǎi yóu
creme (m) de leite	奶油	nǎi yóu
maionese (f)	蛋黄酱	dàn huáng jiàng
creme (m)	乳脂	rǔ zhī
grãos (m pl) de cereais	谷粒	gǔ lì
farinha (f)	面粉	miàn fěn
enlatados (m pl)	罐头食品	guàn tou shí pǐn
flocos (m pl) de milho	玉米片	yù mǐ piàn
mel (m)	蜂蜜	fēng mì
geleia (m)	果冻	guǒ dòng
chiclete (m)	口香糖	kǒu xiāng táng

36. Bebidas

água (f)	水	shuǐ
água (f) potável	饮用水	yǐn yòng shuǐ
água (f) mineral	矿泉水	kuàng quán shuǐ
sem gás (adj)	无气的	wú qì de
gaseificada (adj)	苏打 …	sū dá …
com gás	汽水	qì shuǐ
gelo (m)	冰	bīng
com gelo	加冰的	jiā bīng de

não alcoólico (adj)	不含酒精的	bù hán jiǔ jīng de
refrigerante (m)	软性饮料	ruǎn xìng yǐn liào
refresco (m)	清凉饮料	qīng liáng yǐn liào
limonada (f)	柠檬水	níng méng shuǐ
bebidas (f pl) alcoólicas	烈酒	liè jiǔ
licor (m)	甜酒	tián jiǔ
champanhe (m)	香槟	xiāng bīn
vermute (m)	苦艾酒	kǔ ài jiǔ
uísque (m)	威士忌酒	wēi shì jì jiǔ
vodca (f)	伏特加	fú tè jiā
gim (m)	杜松子酒	dù sōng zǐ jiǔ
conhaque (m)	法国白兰地	fǎguó báilándì
rum (m)	朗姆酒	lǎng mǔ jiǔ
café (m)	咖啡	kāfēi
café (m) preto	黑咖啡	hēi kāfēi
café (m) com leite	加牛奶的咖啡	jiāniúnǎide kāfēi
cappuccino (m)	卡布奇诺	kǎ bù jī nuò
café (m) solúvel	速溶咖啡	sùróng kāfēi
leite (m)	牛奶	niú nǎi
coquetel (m)	鸡尾酒	jī wěi jiǔ
batida (f), milkshake (m)	奶昔	nǎi xī
suco (m)	果汁	guǒzhī
suco (m) de tomate	番茄汁	fān qié zhī
suco (m) de laranja	橙子汁	chéng zi zhī
suco (m) fresco	新鲜果汁	xīnxiān guǒzhī
cerveja (f)	啤酒	píjiǔ
cerveja (f) clara	淡啤酒	dàn píjiǔ
cerveja (f) preta	黑啤酒	hēi píjiǔ
chá (m)	茶	chá
chá (m) preto	红茶	hóng chá
chá (m) verde	绿茶	lǜ chá

37. Vegetais

vegetais (m pl)	蔬菜	shū cài
verdura (f)	青菜	qīng cài
tomate (m)	西红柿	xī hóng shì
pepino (m)	黄瓜	huáng guā
cenoura (f)	胡萝卜	hú luó bo
batata (f)	土豆	tǔ dòu
cebola (f)	洋葱	yáng cōng
alho (m)	大蒜	dà suàn
couve (f)	洋白菜	yáng bái cài
couve-flor (f)	菜花	cài huā
couve-de-bruxelas (f)	球芽甘蓝	qiú yá gān lán

brócolis (m pl)	西蓝花	xī lán huā
beterraba (f)	甜菜	tiáncài
berinjela (f)	茄子	qié zi
abobrinha (f)	西葫芦	xī hú lu
abóbora (f)	南瓜	nán guā
nabo (m)	蔓菁	mán jing

salsa (f)	欧芹	ōu qín
endro, aneto (m)	莳萝	shì luó
alface (f)	生菜，莴苣	shēng cài, wō jù
aipo (m)	芹菜	qín cài
aspargo (m)	芦笋	lú sǔn
espinafre (m)	菠菜	bō cài

ervilha (f)	豌豆	wān dòu
feijão (~ soja, etc.)	豆子	dòu zi
milho (m)	玉米	yù mǐ
feijão (m) roxo	四季豆	sì jì dòu

pimentão (m)	胡椒，辣椒	hú jiāo, là jiāo
rabanete (m)	水萝卜	shuǐ luó bo
alcachofra (f)	朝鲜蓟	cháo xiǎn jì

38. Frutos. Nozes

fruta (f)	水果	shuǐ guǒ
maçã (f)	苹果	píng guǒ
pera (f)	梨	lí
limão (m)	柠檬	níng méng
laranja (f)	橙子	chén zi
morango (m)	草莓	cǎo méi

tangerina (f)	橘子	jú zi
ameixa (f)	李子	lǐ zi
pêssego (m)	桃子	táo zi
damasco (m)	杏子	xìng zi
framboesa (f)	覆盆子	fù pén zi
abacaxi (m)	菠萝	bō luó

banana (f)	香蕉	xiāng jiāo
melancia (f)	西瓜	xī guā
uva (f)	葡萄	pú tao
ginja (f)	樱桃	yīngtáo
cereja (f)	欧洲甜樱桃	oūzhōu tián yīngtáo
melão (m)	瓜，甜瓜	guā, tián guā

toranja (f)	葡萄柚	pú tao yòu
abacate (m)	鳄梨	è lí
mamão (m)	木瓜	mù guā
manga (f)	芒果	máng guǒ
romã (f)	石榴	shí liú

| groselha (f) vermelha | 红醋栗 | hóng cù lì |
| groselha (f) negra | 黑醋栗 | hēi cù lì |

groselha (f) espinhosa	醋栗	cù lì
mirtilo (m)	越橘	yuè jú
amora (f) silvestre	黑莓	hēi méi
passa (f)	葡萄干	pútao gān
figo (m)	无花果	wú huā guǒ
tâmara (f)	海枣	hǎi zǎo
amendoim (m)	花生	huā shēng
amêndoa (f)	杏仁	xìng rén
noz (f)	核桃	hé tao
avelã (f)	榛子	zhēn zi
coco (m)	椰子	yē zi
pistaches (m pl)	开心果	kāi xīn guǒ

39. Pão. Bolaria

pastelaria (f)	油酥面饼	yóu sū miàn bǐng
pão (m)	面包	miàn bāo
biscoito (m), bolacha (f)	饼干	bǐng gān
chocolate (m)	巧克力	qiǎo kè lì
de chocolate	巧克力的	qiǎo kè lì de
bala (f)	糖果	táng guǒ
doce (bolo pequeno)	小蛋糕	xiǎo dàngāo
bolo (m) de aniversário	蛋糕	dàngāo
torta (f)	大馅饼	dà xiàn bǐng
recheio (m)	馅	xiàn
geleia (m)	果酱	guǒ jiàng
marmelada (f)	酸果酱	suān guǒ jiàng
wafers (m pl)	华夫饼干	huá fū bǐng gān
sorvete (m)	冰淇淋	bīng qí lín

40. Pratos cozinhados

prato (m)	菜	cài
cozinha (~ portuguesa)	菜肴	cài yáo
receita (f)	烹饪法	pēng rèn fǎ
porção (f)	一份	yī fèn
salada (f)	沙拉	shā lā
sopa (f)	汤	tāng
caldo (m)	清汤	qīng tāng
sanduíche (m)	三明治	sān míng zhì
ovos (m pl) fritos	煎蛋	jiān dàn
hambúrguer (m)	汉堡	hàn bǎo
bife (m)	牛排	niú pái
acompanhamento (m)	配菜	pèi cài

---

espaguete (m)	意大利面条	yì dà lì miàn tiáo
purê (m) de batata	土豆泥	tǔ dòu ní
pizza (f)	比萨饼	bǐ sà bǐng
mingau (m)	麦片粥	mài piàn zhōu
omelete (f)	鸡蛋饼	jīdàn bǐng

fervido (adj)	煮熟的	zhǔ shóu de
defumado (adj)	熏烤的	xūn kǎo de
frito (adj)	油煎的	yóu jiān de
seco (adj)	干的	gān de
congelado (adj)	冷冻的	lěng dòng de
em conserva (adj)	醋渍的	cù zì de

doce (adj)	甜的	tián de
salgado (adj)	咸的	xián de
frio (adj)	冷的	lěng de
quente (adj)	烫的	tàng de
amargo (adj)	苦的	kǔ de
gostoso (adj)	美味的	měi wèi de

cozinhar em água fervente	做饭	zuò fàn
preparar (vt)	做饭	zuò fàn
fritar (vt)	油煎	yóu jiān
aquecer (vt)	加热	jiā rè

salgar (vt)	加盐	jiā yán
apimentar (vt)	加胡椒	jiā hú jiāo
ralar (vt)	磨碎	mò suì
casca (f)	皮	pí
descascar (vt)	剥皮	bāo pí

41. Especiarias

sal (m)	盐，食盐	yán, shí yán
salgado (adj)	含盐的	hán yán de
salgar (vt)	加盐	jiā yán

pimenta-do-reino (f)	黑胡椒	hēi hú jiāo
pimenta (f) vermelha	红辣椒粉	hóng là jiāo fěn
mostarda (f)	芥末	jiè mo
raiz-forte (f)	辣根汁	là gēn zhī

condimento (m)	调味品	diào wèi pǐn
especiaria (f)	香料	xiāng liào
molho (~ inglês)	调味汁	tiáo wèi zhī
vinagre (m)	醋	cù

anis estrelado (m)	茴芹	huí qín
manjericão (m)	罗勒	luó lè
cravo (m)	丁香	dīng xiāng
gengibre (m)	姜	jiāng
coentro (m)	芫荽	yuán suī
canela (f)	肉桂	ròu guì
gergelim (m)	芝麻	zhī ma

folha (f) de louro	月桂叶	yuè guì yè
páprica (f)	红甜椒粉	hóng tián jiāo fěn
cominho (m)	葛缕子	gélǚ zi
açafrão (m)	番红花	fān hóng huā

42. Refeições

| comida (f) | 食物 | shí wù |
| comer (vt) | 吃 | chī |

café (m) da manhã	早饭	zǎo fàn
tomar café da manhã	吃早饭	chī zǎo fàn
almoço (m)	午饭	wǔ fàn
almoçar (vi)	吃午饭	chī wǔ fàn
jantar (m)	晚餐	wǎn cān
jantar (vi)	吃晚饭	chī wǎn fàn

| apetite (m) | 胃口 | wèi kǒu |
| Bom apetite! | 请慢用！ | qǐng màn yòng! |

abrir (~ uma lata, etc.)	打开	dǎ kāi
derramar (~ líquido)	洒出	sǎ chū
derramar-se (vr)	洒出	sǎ chū

ferver (vi)	煮开	zhǔ kāi
ferver (vt)	烧开	shāo kāi
fervido (adj)	煮开过的	zhǔ kāi guò de
esfriar (vt)	变凉	biàn liáng
esfriar-se (vr)	变凉	biàn liáng

| sabor, gosto (m) | 味道 | wèi dào |
| fim (m) de boca | 回味，余味 | huí wèi, yú wèi |

emagrecer (vi)	减肥	jiǎn féi
dieta (f)	日常饮食	rì cháng yǐn shí
vitamina (f)	维生素	wéi shēng sù
caloria (f)	卡路里	kǎlùlǐ
vegetariano (m)	素食者	sù shí zhě
vegetariano (adj)	素的	sù de

gorduras (f pl)	脂肪	zhī fáng
proteínas (f pl)	蛋白质	dàn bái zhì
carboidratos (m pl)	碳水化合物	tàn shuǐ huà hé wù
fatia (~ de limão, etc.)	一片	yī piàn
pedaço (~ de bolo)	一块	yī kuài
migalha (f), farelo (m)	面包屑	miàn bāo xiè

43. Por a mesa

colher (f)	勺子	sháo zi
faca (f)	刀，刀子	dāo, dāo zi
garfo (m)	叉，餐叉	chā, cān chā

xícara (f)	杯子	bēi zi
prato (m)	盘子	pán zi
pires (m)	碟子	dié zi
guardanapo (m)	餐巾	cān jīn
palito (m)	牙签	yá qiān

44. Restaurante

restaurante (m)	饭馆	fàn guǎn
cafeteria (f)	咖啡馆	kāfēi guǎn
bar (m), cervejaria (f)	酒吧	jiǔ bā
salão (m) de chá	茶馆	chá guǎn

garçom (m)	服务员	fú wù yuán
garçonete (f)	女服务员	nǚ fú wù yuán
barman (m)	酒保	jiǔ bǎo

cardápio (m)	菜单	cài dān
lista (f) de vinhos	酒单	jiǔ dān
reservar uma mesa	订桌子	dìng zhuō zi

prato (m)	菜	cài
pedir (vt)	订菜	dìng cài
fazer o pedido	订菜	dìng cài

aperitivo (m)	开胃酒	kāi wèi jiǔ
entrada (f)	开胃菜	kāi wèi cài
sobremesa (f)	甜点心	tián diǎn xīn

conta (f)	账单	zhàng dān
pagar a conta	付账	fù zhàng
dar o troco	找零钱	zhǎo líng qián
gorjeta (f)	小费	xiǎo fèi

Família, parentes e amigos

45. Informação pessoal. Formulários

nome (m)	名字	míng zi
sobrenome (m)	姓	xìng
data (f) de nascimento	出生日期	chū shēng rì qī
local (m) de nascimento	出生地	chū shēng dì
nacionalidade (f)	国籍	guó jí
lugar (m) de residência	住所地	zhù suǒ dì
país (m)	国家	guó jiā
profissão (f)	职业	zhí yè
sexo (m)	性，性别	xìng, xìngbié
estatura (f)	身高	shēn gāo
peso (m)	重量	zhòng liàng

46. Membros da família. Parentes

mãe (f)	母亲	mǔ qīn
pai (m)	父亲	fù qīn
filho (m)	儿子	ér zi
filha (f)	女儿	nǚ ér
caçula (f)	最小的女儿	zuìxiǎode nǚ ér
caçula (m)	最小的儿子	zuìxiǎode ér zi
filha (f) mais velha	最大的女儿	zuìdàde nǚér
filho (m) mais velho	最大的儿子	zuìdàde ér zi
irmão (m) mais velho	哥哥	gēge
irmão (m) mais novo	弟弟	dìdi
irmã (f) mais velha	姐姐	jiějie
irmã (f) mais nova	妹妹	mèi mei
primo (m)	堂兄弟，表兄弟	tángxiōngdì, biǎoxiōngdì
prima (f)	堂姊妹，表姊妹	tángzǐmèi, biǎozǐmèi
mamãe (f)	妈妈	mā ma
papai (m)	爸爸	bàba
pais (pl)	父母	fù mǔ
criança (f)	孩子	hái zi
crianças (f pl)	孩子们	hái zi men
avó (f)	姥姥	lǎo lao
avô (m)	爷爷	yé ye
neto (m)	孙子	sūn zi
neta (f)	孙女	sūn nǚ
netos (pl)	孙子们	sūn zi men

tio (m)	姑爹	gū diē
tia (f)	姑妈	gū mā
sobrinho (m)	侄子	zhí zi
sobrinha (f)	侄女	zhí nǚ

sogra (f)	岳母	yuè mǔ
sogro (m)	公公	gōng gong
genro (m)	女婿	nǚ xu
madrasta (f)	继母	jì mǔ
padrasto (m)	继父	jì fù

criança (f) de colo	婴儿	yīng ér
bebê (m)	婴儿	yīng ér
menino (m)	小孩	xiǎo hái

mulher (f)	妻子	qī zi
marido (m)	老公	lǎo gōng
esposo (m)	配偶	pèi ǒu
esposa (f)	配偶	pèi ǒu

casado (adj)	结婚的	jié hūn de
casada (adj)	结婚的	jié hūn de
solteiro (adj)	独身的	dú shēn de
solteirão (m)	单身汉	dān shēn hàn
divorciado (adj)	离婚的	lí hūn de
viúva (f)	寡妇	guǎ fu
viúvo (m)	鳏夫	guān fū

parente (m)	亲戚	qīn qi
parente (m) próximo	近亲	jìn qīn
parente (m) distante	远亲	yuǎn qīn
parentes (m pl)	亲属	qīn shǔ

órfão (m), órfã (f)	孤儿	gū ér
tutor (m)	监护人	jiān hù rén
adotar (um filho)	收养	shōu yǎng
adotar (uma filha)	收养	shōu yǎng

Medicina

47. Doenças

doença (f)	病	bìng
estar doente	生病	shēng bìng
saúde (f)	健康	jiàn kāng
nariz (m) escorrendo	流鼻涕	liú bí tì
amigdalite (f)	扁桃体炎	biǎn táo tǐ yán
resfriado (m)	感冒	gǎn mào
ficar resfriado	感冒	gǎn mào
bronquite (f)	支气管炎	zhī qì guǎn yán
pneumonia (f)	肺炎	fèi yán
gripe (f)	流感	liú gǎn
míope (adj)	近视的	jìn shì de
presbita (adj)	远视的	yuǎn shì de
estrabismo (m)	斜眼	xié yǎn
estrábico, vesgo (adj)	对眼的	duì yǎn de
catarata (f)	白内障	bái nèi zhàng
glaucoma (m)	青光眼	qīng guāng gyǎn
AVC (m), apoplexia (f)	中风	zhòng fēng
ataque (m) cardíaco	梗塞	gěng sè
enfarte (m) do miocárdio	心肌梗塞	xīn jī gěng sè
paralisia (f)	麻痹	má bì
paralisar (vt)	使 … 麻痹	shǐ … má bì
alergia (f)	过敏	guò mǐn
asma (f)	哮喘	xiāo chuǎn
diabetes (f)	糖尿病	táng niào bìng
dor (f) de dente	牙痛	yá tòng
cárie (f)	龋齿	qǔ chǐ
diarreia (f)	腹泻	fù xiè
prisão (f) de ventre	便秘	biàn bì
desarranjo (m) intestinal	饮食失调	yǐn shí shī tiáo
intoxicação (f) alimentar	食物中毒	shí wù zhòng dú
intoxicar-se	中毒	zhòng dú
artrite (f)	关节炎	guān jié yán
raquitismo (m)	佝偻病	kòu lóu bìng
reumatismo (m)	风湿	fēng shī
arteriosclerose (f)	动脉粥样硬化	dòng mài zhōu yàng yìng huà
gastrite (f)	胃炎	wèi yán
apendicite (f)	阑尾炎	lán wěi yán

| colecistite (f) | 胆囊炎 | dǎn nán gyán |
| úlcera (f) | 溃疡 | kuì yáng |

sarampo (m)	麻疹	má zhěn
rubéola (f)	风疹	fēng zhěn
icterícia (f)	黄疸	huáng dǎn
hepatite (f)	肝炎	gān yán

esquizofrenia (f)	精神分裂 症	jíngshen fēnliè zhèng
raiva (f)	狂犬病	kuáng quǎn bìng
neurose (f)	神经症	shén jīng zhèng
contusão (f) cerebral	脑震荡	nǎo zhèn dàng

câncer (m)	癌症	ái zhèng
esclerose (f)	硬化	yìng huà
esclerose (f) múltipla	多发性硬化症	duō fā xìng yìng huà zhèng

alcoolismo (m)	酗酒	xù jiǔ
alcoólico (m)	酗酒者	xù jiǔ zhě
sífilis (f)	梅毒	méi dú
AIDS (f)	艾滋病	ài zī bìng

tumor (m)	肿瘤	zhǒng liú
febre (f)	发烧	fā shāo
malária (f)	疟疾	nuè ji
gangrena (f)	坏疽	huài jū
enjoo (m)	晕船	yùn chuán
epilepsia (f)	癫痫	diān xián

epidemia (f)	流行病	liú xíng bìng
tifo (m)	斑疹伤寒	bān zhěn shāng hán
tuberculose (f)	结核病	jié hé bìng
cólera (f)	霍乱	huò luàn
peste (f) bubônica	瘟疫	wēn yì

48. Sintomas. Tratamentos. Parte 1

sintoma (m)	症状	zhèng zhuàng
temperatura (f)	体温	tǐ wēn
febre (f)	发热	fā rè
pulso (m)	脉搏	mài bó

vertigem (f)	眩晕	xuàn yùn
quente (testa, etc.)	热	rè
calafrio (m)	颤抖	chàn dǒu
pálido (adj)	苍白的	cāng bái de

tosse (f)	咳嗽	ké sou
tossir (vi)	咳，咳嗽	ké, ké sou
espirrar (vi)	打喷嚏	dǎ pēn tì
desmaio (m)	晕倒	yūn dǎo
desmaiar (vi)	晕倒	yūn dǎo
mancha (f) preta	青伤痕	qīng shāng hén
galo (m)	包	bāo

machucar-se (vr)	擦伤	cā shāng
contusão (f)	擦伤	cā shāng
machucar-se (vr)	瘀伤	yū shāng
mancar (vi)	跛行	bǒ xíng
deslocamento (f)	脱位	tuō wèi
deslocar (vt)	使 … 脱位	shǐ … tuō wèi
fratura (f)	骨折	gǔ zhé
fraturar (vt)	弄骨折	nòng gǔzhé
corte (m)	伤口	shāng kǒu
cortar-se (vr)	割破	gē pò
hemorragia (f)	流血	liú xuè
queimadura (f)	烧伤	shāo shāng
queimar-se (vr)	烧伤	shāo shāng
picar (vt)	扎破	zhā pò
picar-se (vr)	扎伤	zhā shāng
lesionar (vt)	损伤	sǔn shāng
lesão (m)	损伤	sǔn shāng
ferida (f), ferimento (m)	伤口	shāng kǒu
trauma (m)	外伤	wài shāng
delirar (vi)	说胡话	shuō hú huà
gaguejar (vi)	口吃	kǒu chī
insolação (f)	中暑	zhòng shǔ

49. Sintomas. Tratamentos. Parte 2

dor (f)	痛	tòng
farpa (no dedo, etc.)	木刺	mù cì
suor (m)	汗	hàn
suar (vi)	出汗	chū hàn
vômito (m)	呕吐	ǒu tù
convulsões (f pl)	抽搐	chōu chù
grávida (adj)	怀孕的	huái yùn de
nascer (vi)	出生	chū shēng
parto (m)	生产，分娩	shēngchǎn, fēnmiǎn
dar à luz	生，分娩	shēng, fēnmiǎn
aborto (m)	人工流产	rén gōng liú chǎn
respiração (f)	呼吸	hū xī
inspiração (f)	吸	xī
expiração (f)	呼气	hū qì
expirar (vi)	呼出	hū chū
inspirar (vi)	吸入	xī rù
inválido (m)	残疾人	cán jí rén
aleijado (m)	残疾人	cán jí rén
drogado (m)	吸毒者	xī dú zhě
surdo (adj)	聋的	lóng de

mudo (adj)	哑的	yǎ de
surdo-mudo (adj)	聋哑的	lóng yǎ de
louco, insano (adj)	精神失常的	jīngshen shī cháng de
louco (m)	疯子	fēng zi
louca (f)	疯子	fēng zi
ficar louco	发疯	fā fēng
gene (m)	基因	jī yīn
imunidade (f)	免疫力	miǎn yì lì
hereditário (adj)	遗传的	yí chuán de
congênito (adj)	天生的	tiān shēng de
vírus (m)	病毒	bìng dú
micróbio (m)	微生物	wēi shēng wù
bactéria (f)	细菌	xì jūn
infecção (f)	传染	chuán rǎn

50. Sintomas. Tratamentos. Parte 3

hospital (m)	医院	yī yuàn
paciente (m)	病人	bìng rén
diagnóstico (m)	诊断	zhěn duàn
cura (f)	治疗	zhì liáo
tratamento (m) médico	治疗	zhì liáo
curar-se (vr)	治病	zhì bìng
tratar (vt)	治疗	zhì liáo
cuidar (pessoa)	看护	kān hù
cuidado (m)	护理	hùlǐ
operação (f)	手术	shǒu shù
enfaixar (vt)	用绷带包扎	yòng bēngdài bāozā
enfaixamento (m)	绷带法	bēngdài fǎ
vacinação (f)	疫苗	yìmiáo
vacinar (vt)	给 … 接种疫苗	gěi … jiē zhòng yì miáo
injeção (f)	注射	zhù shè
dar uma injeção	打针	dǎ zhēn
ataque (~ de asma, etc.)	发作	fāzuò
amputação (f)	截肢	jié zhī
amputar (vt)	截肢	jié zhī
coma (f)	昏迷	hūn mí
estar em coma	昏迷	hūn mí
reanimação (f)	重症监护室	zhòng zhēng jiàn hù shì
recuperar-se (vr)	复原	fù yuán
estado (~ de saúde)	状态	zhuàng tài
consciência (perder a ~)	知觉	zhī jué
memória (f)	记忆力	jì yì lì
tirar (vt)	拔牙	bá yá
obturação (f)	补牙	bǔ yá

obturar (vt)	补牙	bǔ yá
hipnose (f)	催眠	cuī mián
hipnotizar (vt)	催眠	cuī mián

51. Médicos

médico (m)	医生	yīshēng
enfermeira (f)	护士	hù shi
médico (m) pessoal	私人医生	sī rén yīshēng
dentista (m)	牙科医生	yá kē yīshēng
oculista (m)	眼科医生	yǎn kē yīshēng
terapeuta (m)	内科医生	nèi kē yīshēng
cirurgião (m)	外科医生	wài kē yīshēng
psiquiatra (m)	精神病医生	jīng shén bìng yīshēng
pediatra (m)	儿科医生	ér kē yīshēng
psicólogo (m)	心理学家	xīn lǐ xué jiā
ginecologista (m)	妇科医生	fù kē yīshēng
cardiologista (m)	心脏病专家	xīn zàng bìng zhuān jiā

52. Medicina. Drogas. Acessórios

medicamento (m)	药	yào
remédio (m)	药剂	yào jì
receitar (vt)	开药方	kāi yào fāng
receita (f)	药方	yào fāng
comprimido (m)	药片	yào piàn
unguento (m)	药膏	yào gāo
ampola (f)	安瓿	ān bù
solução, preparado (m)	药水	yào shuǐ
xarope (m)	糖浆	táng jiāng
cápsula (f)	药丸	yào wán
pó (m)	药粉	yào fěn
atadura (f)	绷带	bēngdài
algodão (m)	药棉	yào mián
iodo (m)	碘酒	diǎn jiǔ
curativo (m) adesivo	橡皮膏	xiàng pí gāo
conta-gotas (m)	滴管	dī guǎn
termômetro (m)	体温表	tǐ wēn biǎo
seringa (f)	注射器	zhù shè qì
cadeira (f) de rodas	轮椅	lú nyǐ
muletas (f pl)	拐杖	guǎi zhàng
analgésico (m)	止痛药	zhǐ tòng yào
laxante (m)	泻药	xiè yào
álcool (m)	酒精	jiǔ jīng
ervas (f pl) medicinais	药草	yào cǎo
de ervas (chá ~)	草药的	cǎo yào de

HABITAT HUMANO

Cidade

53. Cidade. Vida na cidade

cidade (f)	城市	chéng shì
capital (f)	首都	shǒu dū
aldeia (f)	村庄	cūn zhuāng
mapa (m) da cidade	城市地图	chéng shì dìtú
centro (m) da cidade	城市中心	chéng shì zhōngxīn
subúrbio (m)	郊区	jiāo qū
suburbano (adj)	郊区的	jiāo qū de
periferia (f)	郊区	jiāo qū
arredores (m pl)	周围地区	zhōuwéi dì qū
quarteirão (m)	街区	jiē qū
quarteirão (m) residencial	住宅区	zhù zhái qū
tráfego (m)	交通	jiāo tōng
semáforo (m)	红绿灯	hóng lǜ dēng
transporte (m) público	公共交通	gōng gòng jiāo tōng
cruzamento (m)	十字路口	shí zì lù kǒu
faixa (f)	人行横道	rén xíng héng dào
túnel (m) subterrâneo	人行地道	rén xíng dìdào
cruzar, atravessar (vt)	穿马路	chuān mǎ lù
pedestre (m)	行人	xíng rén
calçada (f)	人行道	rén xíng dào
ponte (f)	桥	qiáo
margem (f) do rio	堤岸	dī àn
fonte (f)	喷泉	pēn quán
alameda (f)	小巷	xiǎo xiàng
parque (m)	公园	gōng yuán
bulevar (m)	林荫大道	lín yìn dàdào
praça (f)	广场	guǎng chǎng
avenida (f)	大街	dàjiē
rua (f)	路	lù
travessa (f)	胡同	hú tòng
beco (m) sem saída	死胡同	sǐ hú tòng
casa (f)	房子	fáng zi
edifício, prédio (m)	楼房，大厦	lóufáng, dàshà
arranha-céu (m)	摩天大楼	mó tiān dà lóu
fachada (f)	正面	zhèng miàn
telhado (m)	房顶	fáng dǐng

janela (f)	窗户	chuāng hu
arco (m)	拱门	gǒng mén
coluna (f)	柱	zhù
esquina (f)	拐角	guǎi jiǎo
vitrine (f)	商店橱窗	shāng diàn chú chuāng
letreiro (m)	招牌	zhāo pái
cartaz (do filme, etc.)	海报	hǎi bào
cartaz (m) publicitário	广告画	guǎnggào huà
painel (m) publicitário	广告牌	guǎnggào pái
lixo (m)	垃圾	lā jī
lata (f) de lixo	垃圾桶	lā jī tǒng
jogar lixo na rua	乱扔	luàn rēng
aterro (m) sanitário	垃圾堆	lājī duī
orelhão (m)	电话亭	diàn huà tíng
poste (m) de luz	路灯	lù dēng
banco (m)	长椅	chángyǐ
polícia (m)	警察	jǐng chá
polícia (instituição)	警察	jǐng chá
mendigo, pedinte (m)	乞丐	qǐgài

54. Instituições urbanas

loja (f)	商店	shāng diàn
drogaria (f)	药房	yào fáng
ótica (f)	眼镜店	yǎn jìng diàn
centro (m) comercial	百货商店	bǎihuò shāngdiàn
supermercado (m)	超市	chāo shì
padaria (f)	面包店	miànbāo diàn
padeiro (m)	面包师	miànbāo shī
pastelaria (f)	糖果店	tángguǒ diàn
açougue (m)	肉铺	ròu pù
fruteira (f)	水果店	shuǐ guǒ diàn
mercado (m)	市场	shì chǎng
cafeteria (f)	咖啡馆	kāfēi guǎn
restaurante (m)	饭馆	fàn guǎn
bar (m)	酒吧	jiǔ bā
pizzaria (f)	比萨饼店	bǐ sà bǐng diàn
salão (m) de cabeleireiro	理发店	lǐ fà diàn
agência (f) dos correios	邮局	yóu jú
lavanderia (f)	干洗店	gān xǐ diàn
estúdio (m) fotográfico	照相馆	zhào xiàng guǎn
sapataria (f)	鞋店	xié diàn
livraria (f)	书店	shū diàn
loja (f) de artigos esportivos	体育用品店	tǐ yù yòng pǐn diàn
costureira (m)	修衣服店	xiū yī fu diàn

aluguel (m) de roupa	服装出租	fú zhuāng chū zū
videolocadora (f)	DVD出租店	diwidi chūzūdiàn
circo (m)	马戏团	mǎ xì tuán
jardim (m) zoológico	动物园	dòng wù yuán
cinema (m)	电影院	diànyǐng yuàn
museu (m)	博物馆	bó wù guǎn
biblioteca (f)	图书馆	tú shū guǎn
teatro (m)	剧院	jù yuàn
ópera (f)	歌剧院	gē jù yuàn
boate (casa noturna)	夜总会	yè zǒng huì
cassino (m)	赌场	dǔ chǎng
mesquita (f)	清真寺	qīng zhēn sì
sinagoga (f)	犹太教堂	yóu tài jiào táng
catedral (f)	大教堂	dà jiào táng
templo (m)	庙宇，教堂	miào yǔ, jiào táng
igreja (f)	教堂	jiào táng
faculdade (f)	学院	xué yuàn
universidade (f)	大学	dà xué
escola (f)	学校	xué xiào
câmara (f) municipal	市政厅	shì zhèng tīng
hotel (m)	酒店	jiǔ diàn
banco (m)	银行	yín háng
embaixada (f)	大使馆	dà shǐ guǎn
agência (f) de viagens	旅行社	lǚ xíng shè
agência (f) de informações	问询处	wèn xún chù
casa (f) de câmbio	货币兑换处	huòbì duì huàn chù
metrô (m)	地铁	dì tiě
hospital (m)	医院	yī yuàn
posto (m) de gasolina	加油站	jiā yóu zhàn
parque (m) de estacionamento	停车场	tíng chē cháng

55. Sinais

letreiro (m)	招牌	zhāo pái
aviso (m)	题词	tí cí
cartaz, pôster (m)	宣传画	xuān chuán huà
placa (f) de direção	指路标志	zhǐ lù biāo zhì
seta (f)	箭头	jiàn tóu
aviso (advertência)	警告	jǐng gào
sinal (m) de aviso	警告	jǐng gào
avisar, advertir (vt)	警告	jǐng gào
dia (m) de folga	休假日	xiū jià rì
horário (~ dos trens, etc.)	时刻表	shí kè biǎo
horário (m)	营业时间	yíng yè shí jiān

BEM-VINDOS!	欢迎光临	huān yíng guāng lín
ENTRADA	入口	rù kǒu
SAÍDA	出口	chū kǒu
EMPURRE	推	tuī
PUXE	拉	lā
ABERTO	开门	kāi mén
FECHADO	关门	guān mén
MULHER	女洗手间	nǚ xǐshǒujiān
HOMEM	男洗手间	nán xǐshǒujiān
DESCONTOS	折扣	zhé kòu
SALDOS, PROMOÇÃO	销售	xiāoshòu
NOVIDADE!	新品！	xīnpǐn!
GRÁTIS	免费	miǎn fèi
ATENÇÃO!	请注意	qǐng zhù yì
NÃO HÁ VAGAS	客满	kè mǎn
RESERVADO	留座	liú zuò
ADMINISTRAÇÃO	高层管理者	gāocéng guǎnlǐ zhě
SOMENTE PESSOAL	仅限员工通行	jǐn xiàn yuángōng tōngxíng
AUTORIZADO		
CUIDADO CÃO FEROZ	当心狗！	dāng xīn gǒu!
PROIBIDO FUMAR!	禁止吸烟	jìnzhǐ xīyān
NÃO TOCAR	禁止触摸	jìn zhǐ chù mō
PERIGOSO	危险	wēi xiǎn
PERIGO	危险	wēi xiǎn
ALTA TENSÃO	高压危险	gāo yā wēi xiǎn
PROIBIDO NADAR	禁止游泳	jìnzhǐ yóuyǒng
COM DEFEITO	故障中	gù zhàng zhōng
INFLAMÁVEL	易燃物质	yì rán wù zhì
PROIBIDO	禁止	jìn zhǐ
ENTRADA PROIBIDA	禁止通行	jìnzhǐ tōng xíng
CUIDADO TINTA FRESCA	油漆未干	yóu qī wèi gān

56. Transportes urbanos

ônibus (m)	公共汽车	gōnggòng qìchē
bonde (m) elétrico	电车	diànchē
trólebus (m)	无轨电车	wúguǐ diànchē
rota (f), itinerário (m)	路线	lù xiàn
número (m)	号	hào
ir de ... (carro, etc.)	··· 去	... qù
entrar no ...	上车	shàng chē
descer do ...	下车	xià chē
parada (f)	车站	chē zhàn
próxima parada (f)	下一站	xià yī zhàn

terminal (m)	终点站	zhōng diǎn zhàn
horário (m)	时刻表	shí kè biǎo
esperar (vt)	等	děng

| passagem (f) | 票 | piào |
| tarifa (f) | 票价 | piào jià |

bilheteiro (m)	出纳	chū nà
controle (m) de passagens	查验车票	chá yàn chē piào
revisor (m)	售票员	shòu piào yuán

atrasar-se (vr)	误点	wù diǎn
perder (o autocarro, etc.)	未赶上	wèi gǎn shàng
estar com pressa	急忙	jí máng

táxi (m)	出租车	chūzūchē
taxista (m)	出租车司机	chūzūchē sī jī
de táxi (ir ~)	乘出租车	chéng chūzūchē
ponto (m) de táxis	出租车站	chūzūchē zhàn
chamar um táxi	叫计程车	jiào jì chéng chē
pegar um táxi	乘出租车	chéng chūzūchē

tráfego (m)	交通	jiāo tōng
engarrafamento (m)	堵车	dǔ chē
horas (f pl) de pico	高峰 时间	gāo fēng shí jiān
estacionar (vi)	停放	tíng fàng
estacionar (vt)	停放	tíng fàng
parque (m) de estacionamento	停车场	tíng chē cháng

metrô (m)	地铁	dì tiě
estação (f)	站	zhàn
ir de metrô	坐地铁	zuò dì tiě
trem (m)	火车	huǒ chē
estação (f) de trem	火车站	huǒ chē zhàn

57. Turismo

monumento (m)	纪念像	jì niàn xiàng
fortaleza (f)	堡垒	bǎo lěi
palácio (m)	宫殿	gōng diàn
castelo (m)	城堡	chéng bǎo
torre (f)	塔	tǎ
mausoléu (m)	陵墓	líng mù

arquitetura (f)	建筑	jiàn zhù
medieval (adj)	中世纪的	zhōng shì jì de
antigo (adj)	古老的	gǔ lǎo de
nacional (adj)	国家，国民	guó jiā, guó mín
famoso, conhecido (adj)	有名的	yǒu míng de

turista (m)	旅行者	lǚ xíng zhě
guia (pessoa)	导游	dǎo yóu
excursão (f)	游览	yóu lǎn
mostrar (vt)	把 … 给 … 看	bǎ … gěi … kàn

contar (vt)	讲	jiǎng
encontrar (vt)	找到	zhǎo dào
perder-se (vr)	迷路	mí lù
mapa (~ do metrô)	地图	dì tú
mapa (~ da cidade)	地图	dì tú
lembrança (f), presente (m)	纪念品	jì niàn pǐn
loja (f) de presentes	礼品店	lǐ pǐn diàn
tirar fotos, fotografar	拍照	pāi zhào
fotografar-se (vr)	拍照	pāi zhào

58. Compras

comprar (vt)	买，购买	mǎi, gòu mǎi
compra (f)	购买	gòu mǎi
fazer compras	去买东西	qù mǎi dōng xi
compras (f pl)	购物	gòu wù
estar aberta (loja)	营业	yíng yè
estar fechada	关门	guān mén
calçado (m)	鞋类	xié lèi
roupa (f)	服装	fú zhuāng
cosméticos (m pl)	化妆品	huà zhuāng pǐn
alimentos (m pl)	食品	shí pǐn
presente (m)	礼物	lǐ wù
vendedor (m)	售货员	shòu huò yuán
vendedora (f)	女售货员	nǚ shòuhuò yuán
caixa (f)	收银台	shōu yín tái
espelho (m)	镜子	jìng zi
balcão (m)	柜台	guì tái
provador (m)	试衣间	shì yī jiān
provar (vt)	试穿	shì chuān
servir (roupa, caber)	合适	hé shì
gostar (apreciar)	喜欢	xǐ huan
preço (m)	价格	jià gé
etiqueta (f) de preço	价格标签	jià gé biāo qiān
custar (vt)	价钱为	jià qian wèi
Quanto?	多少钱?	duōshao qián?
desconto (m)	折扣	zhé kòu
não caro (adj)	不贵的	bù guì de
barato (adj)	便宜的	pián yi de
caro (adj)	贵的	guì de
É caro	这个太贵	zhège tàiguì
aluguel (m)	出租	chū zū
alugar (roupas, etc.)	租用	zū yòng
crédito (m)	赊购	shē gòu
a crédito	赊欠	shē qiàn

59. Dinheiro

dinheiro (m)	钱，货币	qián, huòbì
câmbio (m)	兑换	duì huàn
taxa (f) de câmbio	汇率	huì lǜ
caixa (m) eletrônico	自动取款机	zì dòng qǔ kuǎn jī
moeda (f)	硬币	yìngbì
dólar (m)	美元	měi yuán
euro (m)	欧元	ōu yuán
lira (f)	里拉	lǐ lā
marco (m)	德国马克	dé guó mǎ kè
franco (m)	法郎	fǎ láng
libra (f) esterlina	英镑	yīng bàng
iene (m)	日元	rì yuán
dívida (f)	债务	zhài wù
devedor (m)	债务人	zhài wù rén
emprestar (vt)	借给	jiè gěi
pedir emprestado	借	jiè
banco (m)	银行	yín háng
conta (f)	账户	zhànghù
depositar na conta	存款	cún kuǎn
sacar (vt)	提取	tí qǔ
cartão (m) de crédito	信用卡	xìn yòng kǎ
dinheiro (m) vivo	现金	xiàn jīn
cheque (m)	支票	zhī piào
passar um cheque	开支票	kāi zhī piào
talão (m) de cheques	支票本	zhīpiào běn
carteira (f)	钱包	qián bāo
niqueleira (f)	零钱包	líng qián bāo
cofre (m)	保险柜	bǎo xiǎn guì
herdeiro (m)	继承人	jì chéng rén
herança (f)	遗产	yí chǎn
fortuna (riqueza)	财产，财富	cáichǎn, cáifù
arrendamento (m)	租赁	zū lìn
aluguel (pagar o ~)	租金	zū jīn
alugar (vt)	租房	zū fáng
preço (m)	价格	jià gé
custo (m)	价钱	jià qian
soma (f)	金额	jīn é
gastar (vt)	花	huā
gastos (m pl)	花费	huā fèi
economizar (vi)	节省	jié shěng
econômico (adj)	节约的	jié yuē de
pagar (vt)	付，支付	fù, zhī fù
pagamento (m)	酬金	chóu jīn

troco (m)	零钱	líng qián
imposto (m)	税，税款	shuì, shuì kuǎn
multa (f)	罚款	fá kuǎn
multar (vt)	罚款	fá kuǎn

60. Correios. Serviço postal

agência (f) dos correios	邮局	yóu jú
correio (m)	邮件	yóu jiàn
carteiro (m)	邮递员	yóu dì yuán
horário (m)	营业时间	yíng yè shí jiān

carta (f)	信，信函	xìn, xìn hán
carta (f) registada	挂号信	guà hào xìn
cartão (m) postal	明信片	míng xìn piàn
telegrama (m)	电报	diàn bào
encomenda (f)	包裹，邮包	bāo guǒ, yóu bāo
transferência (f) de dinheiro	汇款资讯	huì kuǎn zī xùn

receber (vt)	收到	shōu dào
enviar (vt)	寄	jì
envio (m)	发信	fā xìn

endereço (m)	地址	dì zhǐ
código (m) postal	邮编	yóu biān
remetente (m)	发信人	fā xìn rén
destinatário (m)	收信人	shōu xìn rén

| nome (m) | 名字 | míng zi |
| sobrenome (m) | 姓 | xìng |

tarifa (f)	费率	fèi lǜ
ordinário (adj)	普通	pǔ tōng
econômico (adj)	经济的	jīng jì de

peso (m)	重量	zhòng liàng
pesar (estabelecer o peso)	称重	chēng zhòng
envelope (m)	信封	xìn fēng
selo (m) postal	邮票	yóu piào

Moradia. Casa. Lar

61. Casa. Eletricidade

eletricidade (f)	电	diàn
lâmpada (f)	灯泡	dēng pào
interruptor (m)	开关	kāi guān
fusível, disjuntor (m)	保险丝	bǎo xiǎn sī
fio, cabo (m)	电线	diàn xiàn
instalação (f) elétrica	电气配线	diàn qì pèi xiàn
medidor (m) de eletricidade	电表	diàn biǎo
indicação (f), registro (m)	读数	dú shù

62. Moradia. Mansão

casa (f) de campo	乡间别墅	xiāng jiān bié shù
vila (f)	别墅	bié shù
ala (~ do edifício)	侧屋	cè wū
jardim (m)	花园	huā yuán
parque (m)	公园	gōng yuán
estufa (f)	温室	wēn shì
cuidar de ...	照料	zhào liào
piscina (f)	游泳池	yóu yǒng chí
academia (f) de ginástica	健身室	jiàn shēn shì
quadra (f) de tênis	网球场	wǎng qiú chǎng
cinema (m)	家庭影院	jiātíng yǐngyuàn
garagem (f)	车库	chē kù
propriedade (f) privada	私有 财产	sī yǒu cái chǎn
terreno (m) privado	私人土地	sī rén tǔ dì
advertência (f)	警告	jǐng gào
sinal (m) de aviso	警告牌子	jǐng gào pái zi
guarda (f)	安保	ān bǎo
guarda (m)	安保员	ān bǎo yuán
alarme (m)	防盗报警器	fáng dào bào jǐng qì

63. Apartamento

apartamento (m)	公寓	gōng yù
quarto, cômodo (m)	房间	fáng jiān
quarto (m) de dormir	卧室	wòshì

sala (f) de jantar	餐厅	cān tīng
sala (f) de estar	客厅	kè tīng
escritório (m)	书房	shū fáng
sala (f) de entrada	入口空间	rù kǒu kōng jiān
banheiro (m)	浴室	yù shì
lavabo (m)	卫生间	wèi shēng jiān
teto (m)	天花板	tiān huā bǎn
chão, piso (m)	地板	dì bǎn
canto (m)	墙角	qiáng jiǎo

64. Mobiliário. Interior

mobiliário (m)	家具	jiā jù
mesa (f)	桌子	zhuō zi
cadeira (f)	椅子	yǐ zi
cama (f)	床	chuáng
sofá, divã (m)	沙发	shā fā
poltrona (f)	扶手椅	fú shǒu yǐ
estante (f)	书橱	shū chú
prateleira (f)	书架	shū jià
guarda-roupas (m)	衣柜	yī guì
cabide (m) de parede	墙衣帽架	qiáng yī mào jià
cabideiro (m) de pé	衣帽架	yī mào jià
cômoda (f)	五斗柜	wǔ dǒu guì
mesinha (f) de centro	茶几	chá jī
espelho (m)	镜子	jìng zi
tapete (m)	地毯	dìtǎn
tapete (m) pequeno	小地毯	xiǎo dìtǎn
lareira (f)	壁炉	bì lú
vela (f)	蜡烛	là zhú
castiçal (m)	烛台	zhútái
cortinas (f pl)	窗帘	chuāng lián
papel (m) de parede	墙纸	qiáng zhǐ
persianas (f pl)	百叶窗	bǎi yè chuāng
luminária (f) de mesa	台灯	tái dēng
luminária (f) de parede	灯	dēng
abajur (m) de pé	落地灯	luò dì dēng
lustre (m)	枝形吊灯	zhī xíng diào dēng
pé (de mesa, etc.)	腿	tuǐ
braço, descanso (m)	扶手	fú shou
costas (f pl)	靠背	kào bèi
gaveta (f)	抽屉	chōu tì

65. Quarto de dormir

roupa (f) de cama	铺盖	pū gài
travesseiro (m)	枕头	zhěn tou
fronha (f)	枕套	zhěn tào
cobertor (m)	羽绒被	yǔ róng bèi
lençol (m)	床单	chuáng dān
colcha (f)	床罩	chuáng zhào

66. Cozinha

cozinha (f)	厨房	chú fáng
gás (m)	煤气	méi qì
fogão (m) a gás	煤气炉	méi qì lú
fogão (m) elétrico	电炉	diàn lú
forno (m)	烤箱	kǎo xiāng
forno (m) de micro-ondas	微波炉	wēi bō lú
geladeira (f)	冰箱	bīng xiāng
congelador (m)	冷冻室	lěng dòng shì
máquina (f) de lavar louça	洗碗机	xǐ wǎn jī
moedor (m) de carne	绞肉机	jiǎo ròu jī
espremedor (m)	榨汁机	zhà zhī jī
torradeira (f)	烤面包机	kǎo miàn bāo jī
batedeira (f)	搅拌机	jiǎo bàn jī
máquina (f) de café	咖啡机	kāfēi jī
cafeteira (f)	咖啡壶	kāfēi hú
moedor (m) de café	咖啡研磨器	kāfēi yánmóqì
chaleira (f)	开水壶	kāi shuǐ hú
bule (m)	茶壶	chá hú
tampa (f)	盖子	gài zi
coador (m) de chá	滤茶器	lǜ chá qì
colher (f)	匙子	chá zi
colher (f) de chá	茶匙	chá chí
colher (f) de sopa	汤匙	tāng chí
garfo (m)	叉, 餐叉	chā, cān chā
faca (f)	刀, 刀子	dāo, dāo zi
louça (f)	餐具	cān jù
prato (m)	盘子	pán zi
pires (m)	碟子	dié zi
cálice (m)	小酒杯	xiǎo jiǔ bēi
copo (m)	杯子	bēi zi
xícara (f)	杯子	bēi zi
açucareiro (m)	糖碗	táng wǎn
saleiro (m)	盐瓶	yán píng
pimenteiro (m)	胡椒瓶	hú jiāo píng

manteigueira (f)	黄油碟	huáng yóu dié
panela (f)	炖锅	dùn guō
frigideira (f)	煎锅	jiān guō
concha (f)	长柄勺	cháng bǐng sháo
coador (m)	漏勺	lòu sháo
bandeja (f)	托盘	tuō pán
garrafa (f)	瓶子	píng zi
pote (m) de vidro	玻璃罐	bōli guàn
lata (~ de cerveja)	罐头	guàn tou
abridor (m) de garrafa	瓶起子	píng qǐ zi
abridor (m) de latas	开罐器	kāi guàn qì
saca-rolhas (m)	螺旋 拔塞器	luóxuán básāiqì
filtro (m)	滤器	lǜ qì
filtrar (vt)	过滤	guò lǜ
lixo (m)	垃圾	lā jī
lixeira (f)	垃圾桶	lā jī tǒng

67. Casa de banho

banheiro (m)	浴室	yù shì
água (f)	水	shuǐ
torneira (f)	水龙头	shuǐ lóng tóu
água (f) quente	热水	rè shuǐ
água (f) fria	冷水	lěng shuǐ
pasta (f) de dente	牙膏	yá gāo
escovar os dentes	刷牙	shuā yá
barbear-se (vr)	剃须	tì xū
espuma (f) de barbear	剃须泡沫	tì xū pào mò
gilete (f)	剃须刀	tì xū dāo
lavar (vt)	洗	xǐ
tomar banho	洗澡	xǐ zǎo
chuveiro (m), ducha (f)	淋浴	lín yù
tomar uma ducha	洗淋浴	xǐ lín yù
banheira (f)	浴缸	yù gāng
vaso (m) sanitário	抽水马桶	chōu shuǐ mǎ tǒng
pia (f)	水槽	shuǐ cáo
sabonete (m)	肥皂	féi zào
saboneteira (f)	肥皂盒	féi zào hé
esponja (f)	清洁绵	qīng jié mián
xampu (m)	洗发液	xǐ fā yè
toalha (f)	毛巾，浴巾	máo jīn, yù jīn
roupão (m) de banho	浴衣	yù yī
lavagem (f)	洗衣	xǐ yī
lavadora (f) de roupas	洗衣机	xǐ yī jī

| lavar a roupa | 洗衣服 | xǐ yī fu |
| detergente (m) | 洗衣粉 | xǐ yī fěn |

68. Eletrodomésticos

televisor (m)	电视机	diàn shì jī
gravador (m)	录音机	lù yīn jī
videogravador (m)	录像机	lù xiàng jī
rádio (m)	收音机	shōu yīn jī
leitor (m)	播放器	bō fàng qì

projetor (m)	投影器	tóu yǐng qì
cinema (m) em casa	家庭影院系统	jiā tíng yǐng yuàn xì tǒng
DVD Player (m)	DVD 播放机	diwidi bōfàngjī
amplificador (m)	放大器	fàng dà qì
console (f) de jogos	电子游戏机	diànzǐ yóuxìjī

câmera (f) de vídeo	摄像机	shè xiàng jī
máquina (f) fotográfica	照相机	zhào xiàng jī
câmera (f) digital	数码相机	shù mǎ xiàng jī

aspirador (m)	吸尘器	xī chén qì
ferro (m) de passar	熨斗	yùn dǒu
tábua (f) de passar	熨衣板	yùn yī bǎn

telefone (m)	电话	diàn huà
celular (m)	手机	shǒu jī
máquina (f) de escrever	打字机	dǎ zì jī
máquina (f) de costura	缝纫机	féng rèn jī

microfone (m)	话筒	huà tǒng
fone (m) de ouvido	耳机	ěr jī
controle remoto (m)	遥控器	yáo kòng qì

CD (m)	光盘	guāng pán
fita (f) cassete	磁带	cí dài
disco (m) de vinil	唱片	chàng piàn

ATIVIDADES HUMANAS

Emprego. Negócios. Parte 1

69. Escritório. O trabalho no escritório

escritório (~ de advogados)	办事处	bàn shì chù
escritório (do diretor, etc.)	办公室	bàn gōng shì
recepção (f)	服务台	fú wù tái
secretário (m)	秘书	mì shū
diretor (m)	经理	jīng lǐ
gerente (m)	管理人	guǎn lǐ rén
contador (m)	会计员	kuài jì yuán
empregado (m)	雇员	gù yuán
mobiliário (m)	家具	jiā jù
mesa (f)	办公桌	bàn gōng zhuō
cadeira (f)	办公椅	bàn gōng yǐ
gaveteiro (m)	小柜	xiǎo guì
cabideiro (m) de pé	衣帽架	yī mào jià
computador (m)	电脑	diàn nǎo
impressora (f)	打印机	dǎ yìn jī
fax (m)	传真机	chuán zhēn jī
fotocopiadora (f)	复印机	fù yìn jī
papel (m)	纸	zhǐ
artigos (m pl) de escritório	办公用具	bàn gōng yòng jù
tapete (m) para mouse	鼠标垫	shǔ biāo diàn
folha (f)	一张	yī zhāng
pasta (f)	活页夹	huó yè jiā
catálogo (m)	目录	mù lù
lista (f) telefônica	电话簿	diàn huà bù
documentação (f)	文件	wén jiàn
brochura (f)	小册子	xiǎo cè zi
panfleto (m)	传单	chuán dān
amostra (f)	样品	yàng pǐn
formação (f)	训练	xùn liàn
reunião (f)	会议	huì yì
hora (f) de almoço	午饭时间	wǔ fàn shí jiān
fazer uma cópia	复印	fù yìn
tirar cópias	复印 … 份	fù yìn … fèn
receber um fax	接收传真	jiēshōu chuánzhēn
enviar um fax	发传真	fā chuánzhēn
fazer uma chamada	打电话	dǎ diàn huà

| responder (vt) | 接电话 | jiē diàn huà |
| passar (vt) | 接通 | jiē tōng |

marcar (vt)	安排	ān pái
demonstrar (vt)	展示	zhǎn shì
estar ausente	缺席	quē xí
ausência (f)	缺席	quē xí

70. Processos negociais. Parte 1

ocupação (f)	职业，工作	zhí yè, gōng zuò
firma, empresa (f)	公司	gōng sī
companhia (f)	公司	gōng sī
corporação (f)	股份公司	gǔfèn gōng sī
empresa (f)	企业，机构	qǐ yè, jī gòu
agência (f)	代理处	dài lǐ chù

acordo (documento)	协议	xié yì
contrato (m)	合同	hé tong
acordo (transação)	协议	xié yì
pedido (m)	订购	dìng gòu
termos (m pl)	条件	tiáo jiàn

por atacado	批发	pī fā
por atacado (adj)	批发的	pī fā de
venda (f) por atacado	批发	pī fā
a varejo	零售	líng shòu
venda (f) a varejo	零售	líng shòu

concorrente (m)	竞争者	jìng zhēng zhě
concorrência (f)	竞争	jìng zhēng
competir (vi)	竞争	jìng zhēng

| sócio (m) | 合伙人 | hé huǒ rén |
| parceria (f) | 合伙 | hé huǒ |

crise (f)	危机	wēi jī
falência (f)	破产	pò chǎn
entrar em falência	破产	pò chǎn
dificuldade (f)	困难	kùn nan
problema (m)	问题	wèn tí
catástrofe (f)	大灾难	dà zāi nàn

economia (f)	经济	jīng jì
econômico (adj)	经济的	jīng jì de
recessão (f) econômica	经济衰退	jīng jì shuāi tuì

| objetivo (m) | 目标 | mù biāo |
| tarefa (f) | 目的 | mù dì |

comerciar (vi, vt)	做生意	zuò shēngyi
rede (de distribuição)	网络	wǎng luò
estoque (m)	库存	kù cún
sortimento (m)	品种	pǐn zhǒng

líder (m)	领袖	lǐng xiù
grande (~ empresa)	大的	dà de
monopólio (m)	垄断	lǒng duàn

teoria (f)	理论	lǐ lùn
prática (f)	实践	shí jiàn
experiência (f)	经历	jīng lì
tendência (f)	趋势	qū shì
desenvolvimento (m)	发展	fā zhǎn

71. Processos negociais. Parte 2

| rentabilidade (f) | 利益 | lì yì |
| rentável (adj) | 盈利的 | yíng lì de |

delegação (f)	代表团	dài biǎo tuán
salário, ordenado (m)	薪水	xīn shuǐ
corrigir (~ um erro)	改正	gǎi zhèng
viagem (f) de negócios	出差	chū chāi
comissão (f)	委员会	wěi yuán huì

controlar (vt)	控制	kòng zhì
conferência (f)	会议	huì yì
licença (f)	许可	xǔ kě
confiável (adj)	可靠的	kě kào de

empreendimento (m)	主动行动	zhǔ dòng xíng dòng
norma (f)	标准	biāo zhǔn
circunstância (f)	情况	qíng kuàng
dever (do empregado)	职责	zhí zé

empresa (f)	企业，机构	qǐ yè, jī gòu
organização (f)	组织	zǔ zhī
organizado (adj)	有组织的	yǒu zǔ zhī de
anulação (f)	取消	qǔ xiāo
anular, cancelar (vt)	取消	qǔ xiāo
relatório (m)	报告	bào gào

patente (f)	专利权	zhuān lì quán
patentear (vt)	得到 … 的专利权	dé dào … de zhuān lì quán
planejar (vt)	计划	jì huà

bônus (m)	奖金	jiǎng jīn
profissional (adj)	专业的	zhuān yè de
procedimento (m)	手续	shǒu xù

examinar (~ a questão)	严密检查	yán mì jiǎn chá
cálculo (m)	计算	jì suàn
reputação (f)	名誉	míng yù
risco (m)	冒险	mào xiǎn

| dirigir (~ uma empresa) | 领导 | lǐng dǎo |
| informação (f) | 消息 | xiāo xi |

propriedade (f)	财产	cái chǎn
união (f)	联盟	lián méng
seguro (m) de vida	生命保险	shēngmìng bǎoxiǎn
fazer um seguro	投保	tóu bǎo
seguro (m)	保险	bǎo xiǎn
leilão (m)	拍卖	pāi mài
notificar (vt)	通知	tōng zhī
gestão (f)	管理	guǎn lǐ
serviço (indústria de ~s)	服务	fú wù
fórum (m)	讨论会	tǎo lùn huì
funcionar (vi)	工作	gōng zuò
estágio (m)	阶段	jiē duàn
jurídico, legal (adj)	法律的	fǎ lǜ de
advogado (m)	律师	lǜ shī

72. Produção. Trabalhos

usina (f)	工厂	gōng chǎng
fábrica (f)	制造厂	zhì zào chǎng
oficina (f)	车间	chē jiān
local (m) de produção	生产现场	shēng chǎn xiàn chǎng
indústria (f)	工业	gōng yè
industrial (adj)	工业的	gōng yè de
indústria (f) pesada	重工业	zhòng gōng yè
indústria (f) ligeira	轻工业	qīng gōng yè
produção (f)	产品	chǎn pǐn
produzir (vt)	生产	shēng chǎn
matérias-primas (f pl)	原料	yuán liào
chefe (m) de obras	工头，领班	gōngtóu , lǐngbān
equipe (f)	队，组	duì, zǔ
operário (m)	工人	gōng rén
dia (m) de trabalho	工作日	gōng zuò rì
intervalo (m)	休息	xiū xi
reunião (f)	会议	huì yì
discutir (vt)	讨论	tǎo lùn
plano (m)	计划	jì huà
cumprir o plano	完成计划	wánchéng jìhuà
taxa (f) de produção	产量定额	chǎnliàng dìng é
qualidade (f)	质量	zhìliàng
controle (m)	检查	jiǎn chá
controle (m) da qualidade	质量检查	zhìliàng jiǎnchá
segurança (f) no trabalho	劳动安全	láodòng ānquán
disciplina (f)	纪律	jì lǜ
infração (f)	违反	wéi fǎn
violar (as regras)	违反	wéi fǎn

greve (f)	罢工	bà gōng
grevista (m)	罢工者	bà gōng zhě
estar em greve	罢工	bà gōng
sindicato (m)	工会	gōng huì

inventar (vt)	发明	fā míng
invenção (f)	发明	fā míng
pesquisa (f)	研究	yán jiū
melhorar (vt)	改善	gǎi shàn
tecnologia (f)	工艺	gōng yì
desenho (m) técnico	工程图	gōng chéng tú

carga (f)	货物	huò wù
carregador (m)	装货人	zhuāng huò rén
carregar (o caminhão, etc.)	装载	zhuāng zài
carregamento (m)	装货	zhuāng huò
descarregar (vt)	卸货	xiè huò
descarga (f)	卸货	xiè huò

transporte (m)	运输	yùn shū
companhia (f) de transporte	运输公司	yùn shū gōngsī
transportar (vt)	运送	yùn sòng

vagão (m) de carga	货运车厢	huò yùn chē xiāng
tanque (m)	储水箱	chǔ shuǐ xiāng
caminhão (m)	卡车	kǎ chē

| máquina (f) operatriz | 机床 | jī chuáng |
| mecanismo (m) | 机械 | jī xiè |

resíduos (m pl) industriais	工业废物	gōng yè fèi wù
embalagem (f)	包装	bāo zhuāng
embalar (vt)	包装	bāo zhuāng

73. Contrato. Acordo

contrato (m)	合同	hé tong
acordo (m)	协议	xié yì
adendo, anexo (m)	合同附件	hétong fù jiàn

assinar o contrato	签订合同	qiāndìng hétong
assinatura (f)	签名	qiān míng
assinar (vt)	签名	qiān míng
carimbo (m)	印章	yìn zhāng

objeto (m) do contrato	合同主题	hétong zhǔtí
cláusula (f)	条款	tiáo kuǎn
partes (f pl)	双方	shuāng fāng
domicílio (m) legal	法定地址	fǎ dìng dì zhǐ

violar o contrato	违约	wéi yuē
obrigação (f)	义务	yì wù
responsabilidade (f)	责任	zé rèn
força (f) maior	不可抗力	bù kě kàn glì

litígio (m), disputa (f)	争论	zhēng lùn
multas (f pl)	罚款制裁	fákuǎn zhìcái

74. Importação & Exportação

importação (f)	进口	jìn kǒu
importador (m)	进口商	jìn kǒu shāng
importar (vt)	进口	jìn kǒu
de importação	进口的	jìn kǒu de
exportador (m)	出口商	chū kǒu shāng
exportar (vt)	出口	chū kǒu
mercadoria (f)	商品	shāng pǐn
lote (de mercadorias)	一批	yī pī
peso (m)	重量	zhòng liàng
volume (m)	体积	tǐ jī
metro (m) cúbico	立方米	lì fāng mǐ
produtor (m)	生产商	shēng chǎn shāng
companhia (f) de transporte	运输公司	yùn shū gōngsī
contêiner (m)	集装箱	jí zhuāng xiāng
fronteira (f)	边界	biān jiè
alfândega (f)	海关	hǎi guān
taxa (f) alfandegária	关税	guān shuì
funcionário (m) da alfândega	海关人员	hǎi guān rényuán
contrabando (atividade)	走私	zǒu sī
contrabando (produtos)	禁运品	jìn yùn pǐn

75. Finanças

ação (f)	股票	gǔ piào
obrigação (f)	债券	zhài quàn
nota (f) promissória	汇票	huì piào
bolsa (f) de valores	证券交易所	zhèng quàn jiāo yì suǒ
cotação (m) das ações	股票行市	gǔpiào hángshì
tornar-se mais barato	落价	luò jià
tornar-se mais caro	涨价	zhǎng jià
parte (f)	股份	gǔ fèn
participação (f) majoritária	多数股权	duō shù gǔ quán
investimento (m)	投资	tóu zī
investir (vt)	投资	tóu zī
porcentagem (f)	百分比	bǎi fēn bǐ
juros (m pl)	利息	lì xī
lucro (m)	利润	lì rùn
lucrativo (adj)	盈利的	yíng lì de

imposto (m)	税，税款	shuì, shuì kuǎn
divisa (f)	货币	huò bì
nacional (adj)	国家，国民	guó jiā, guó mín
câmbio (m)	兑换	duì huàn
contador (m)	会计员	kuài jì yuán
contabilidade (f)	会计部	kuài jì bù
falência (f)	破产	pò chǎn
falência, quebra (f)	倒闭	dǎo bì
ruína (f)	破产	pò chǎn
estar quebrado	破产	pò chǎn
inflação (f)	通货膨胀	tōng huò péng zhàng
desvalorização (f)	货币贬值	huòbì biǎnzhí
capital (m)	资本	zī běn
rendimento (m)	收益	shōu yì
volume (m) de negócios	营业额	yíng yè é
recursos (m pl)	资源	zī yuán
recursos (m pl) financeiros	货币资金	huò bì zī jīn
reduzir (vt)	减少	jiǎn shǎo

76. Marketing

marketing (m)	营销	yíng xiāo
mercado (m)	市场	shì chǎng
segmento (m) do mercado	细分市场	xì fēn shì chǎng
produto (m)	产品	chǎn pǐn
mercadoria (f)	商品	shāng pǐn
marca (f) registrada	商标	shāng biāo
logotipo (m)	标志	biāo zhì
logo (m)	标志	biāo zhì
demanda (f)	需求	xū qiú
oferta (f)	供给	gōng jǐ
necessidade (f)	需要	xū yào
consumidor (m)	消费者	xiāo fèi zhě
análise (f)	分析	fēn xī
analisar (vt)	分析	fēn xī
posicionamento (m)	定位	dìng wèi
posicionar (vt)	定位	dìng wèi
preço (m)	价，价钱	jià, jià qian
política (f) de preços	定价政策	dìng jià zhèng cè
formação (f) de preços	定价	dìng jià

77. Publicidade

publicidade (f)	广告	guǎng gào
fazer publicidade	为 … 做广告	wéi … zuò guǎnggào

orçamento (m)	预算	yù suàn
anúncio (m)	广告	guǎng gào
publicidade (f) na TV	电视广告	diànshì guǎnggào
publicidade (f) na rádio	广播广告	guǎngbō guǎnggào
publicidade (f) exterior	室外广告	shìwài guǎnggào
comunicação (f) de massa	大众媒体	dà zhòng méi tǐ
periódico (m)	期刊	qī kān
imagem (f)	形象	xíng xiàng
slogan (m)	口号	kǒu hào
mote (m), lema (f)	座石铭	zuò shí míng
campanha (f)	运动	yùn dòng
campanha (f) publicitária	广告运动	guǎng gào yùn dòng
grupo (m) alvo	目标群	mù biāo qún
cartão (m) de visita	名片	míng piàn
panfleto (m)	传单	chuán dān
brochura (f)	小册子	xiǎo cè zi
folheto (m)	小册子	xiǎo cè zi
boletim (~ informativo)	简报	jiǎn bào
letreiro (m)	招牌	zhāo pái
cartaz, pôster (m)	招贴画	zhāo tiē huà
painel (m) publicitário	广告牌	guǎnggào pái

78. Banca

banco (m)	银行	yín háng
balcão (f)	分支机构	fēn zhī jī gòu
consultor (m) bancário	顾问	gù wèn
gerente (m)	主管人	zhǔ guǎn rén
conta (f)	账户	zhànghù
número (m) da conta	账号	zhàng hào
conta (f) corrente	活期帐户	huó qī zhànghù
conta (f) poupança	储蓄账户	chǔ xù zhànghù
abrir uma conta	开立账户	kāilì zhànghù
fechar uma conta	关闭 帐户	guān bì zhànghù
depositar na conta	存入帐户	cúnrù zhànghù
sacar (vt)	提取	tí qǔ
depósito (m)	存款	cún kuǎn
fazer um depósito	存款	cún kuǎn
transferência (f) bancária	汇款	huì kuǎn
transferir (vt)	汇款	huì kuǎn
soma (f)	金额	jīn é
Quanto?	多少钱?	duōshao qián?
assinatura (f)	签名	qiān míng
assinar (vt)	签名	qiān míng

cartão (m) de crédito	信用卡	xìn yòng kǎ
senha (f)	密码	mì mǎ
número (m) do cartão de crédito	信用卡号码	xìn yòng kǎ hào mǎ
caixa (m) eletrônico	自动取款机	zì dòng qǔ kuǎn jī
cheque (m)	支票	zhī piào
passar um cheque	开支票	kāi zhī piào
talão (m) de cheques	支票本	zhīpiào běn
empréstimo (m)	贷款	dàikuǎn
pedir um empréstimo	借款	jiè kuǎn
obter empréstimo	取得贷款	qǔ dé dàikuǎn
dar um empréstimo	贷款给 …	dàikuǎn gěi …
garantia (f)	保证	bǎo zhèng

79. Telefone. Conversação telefônica

telefone (m)	电话	diàn huà
celular (m)	手机	shǒu jī
secretária (f) eletrônica	答录机	dā lù jī
fazer uma chamada	打电话	dǎ diàn huà
chamada (f)	电话	diàn huà
discar um número	拨号码	bō hào mǎ
Alô!	喂！	wèi!
perguntar (vt)	问	wèn
responder (vt)	接电话	jiē diàn huà
ouvir (vt)	听见	tīng jiàn
bem	好	hǎo
mal	不好	bù hǎo
ruído (m)	干扰声	gān rǎo shēng
fone (m)	听筒	tīng tǒng
pegar o telefone	接听	jiē tīng
desligar (vi)	挂断	guà duàn
ocupado (adj)	占线的	zhàn xiàn de
tocar (vi)	响	xiǎng
lista (f) telefônica	电话薄	diàn huà bù
local (adj)	本地的	běn dì de
de longa distância	长途	cháng tú
internacional (adj)	国际的	guó jì de

80. Telefone móvel

celular (m)	手机	shǒu jī
tela (f)	显示器	xiǎn shì qì
botão (m)	按钮	àn niǔ

cartão SIM (m)	SIM 卡	sim kǎ
bateria (f)	电池	diàn chí
descarregar-se (vr)	没电	méi diàn
carregador (m)	充电器	chōng diàn qì

menu (m)	菜单	cài dān
configurações (f pl)	设置	shè zhì
melodia (f)	曲调	qǔ diào
escolher (vt)	挑选	tiāo xuǎn

calculadora (f)	计算器	jì suàn qì
correio (m) de voz	答录机	dā lù jī
despertador (m)	闹钟	nào zhōng
contatos (m pl)	电话薄	diàn huà bù

| mensagem (f) de texto | 短信 | duǎn xìn |
| assinante (m) | 用户 | yòng hù |

81. Estacionário

| caneta (f) | 圆珠笔 | yuán zhū bǐ |
| caneta (f) tinteiro | 钢笔 | gāng bǐ |

lápis (m)	铅笔	qiān bǐ
marcador (m) de texto	荧光笔	yíng guāng bǐ
caneta (f) hidrográfica	水彩笔	shuǐ cǎi bǐ

| bloco (m) de notas | 记事簿 | jì shì bù |
| agenda (f) | 日记本 | rì jì běn |

régua (f)	直尺	zhí chǐ
calculadora (f)	计算器	jì suàn qì
borracha (f)	橡皮擦	xiàng pí cā
alfinete (m)	图钉	tú dīng
clipe (m)	回形针	huí xíng zhēn

cola (f)	胶水	jiāo shuǐ
grampeador (m)	钉书机	dīng shū jī
furador (m) de papel	打孔机	dǎ kǒng jī
apontador (m)	卷笔刀	juǎn bǐ dāo

82. Tipos de negócios

| serviços (m pl) de contabilidade | 会计服务 | kuài jì fú wù |

publicidade (f)	广告	guǎng gào
agência (f) de publicidade	广告公司	guǎnggào gōngsī
ar (m) condicionado	空调	kōng tiáo
companhia (f) aérea	航空公司	hángkōng gōngsī

| bebidas (f pl) alcoólicas | 含酒精饮料 | hánjiǔjīng yǐnliào |
| comércio (m) de antiguidades | 古董 | gǔ dǒng |

galeria (f) de arte	画廊，艺廊	huà láng, yì láng
serviços (m pl) de auditoria	审计服务	shěn jì fú wù
negócios (m pl) bancários	商业银行	shāng yè yín háng
bar (m)	酒吧	jiǔ bā
salão (m) de beleza	美容院	měi róng yuàn
livraria (f)	书店	shū diàn
cervejaria (f)	啤酒厂	pí jiǔ chǎng
centro (m) de escritórios	商业中心	shāngyè zhōngxīn
escola (f) de negócios	商业学校	shāngyè xuéxiào
cassino (m)	赌场	dǔ chǎng
construção (f)	建筑，建造	jiàn zhù, jiàn zào
consultoria (f)	咨询业	zī xún yè
clínica (f) dentária	牙科医术	yá kē yī shù
design (m)	设计	shè jì
drogaria (f)	药房	yào fáng
lavanderia (f)	干洗店	gān xǐ diàn
agência (f) de emprego	职业介绍所	zhí yè jiè shào suǒ
serviços (m pl) financeiros	金融服务	jīn róng fú wù
alimentos (m pl)	食品	shí pǐn
funerária (f)	殡仪馆	bìn yí guǎn
mobiliário (m)	家具	jiā jù
roupa (f)	服装	fú zhuāng
hotel (m)	酒店	jiǔ diàn
sorvete (m)	冰淇淋	bīng qí lín
indústria (f)	工业	gōng yè
seguro (~ de vida, etc.)	保险	bǎo xiǎn
internet (f)	因特网	yīn tè wǎng
investimento (m)	投资	tóu zī
joalheiro (m)	珠宝商	zhū bǎo shāng
joias (f pl)	珠宝	zhū bǎo
lavanderia (f)	洗衣店	xǐ yī diàn
assessorias (f pl) jurídicas	法律顾问	fǎ lǜ gù wèn
indústria (f) ligeira	轻工业	qīng gōng yè
revista (f)	杂志	zá zhì
vendas (f pl) por catálogo	邮购销售	yóugòu xiāoshòu
medicina (f)	医学	yī xué
cinema (m)	电影院	diànyǐng yuàn
museu (m)	博物馆	bó wù guǎn
agência (f) de notícias	新闻社	xīn wén shè
jornal (m)	报纸	bào zhǐ
boate (casa noturna)	夜总会	yè zǒng huì
petróleo (m)	石油	shí yóu
serviços (m pl) de remessa	快递公司	kuài dì gōng sī
indústria (f) farmacêutica	药物工业	yào wù gōng yè
tipografia (f)	印刷工业	yìn shuā gōng yè
editora (f)	出版社	chū bǎn shè
rádio (m)	广播	guǎng bō

imobiliário (m)	房地产	fáng dì chǎn
restaurante (m)	饭馆	fàn guǎn
empresa (f) de segurança	安保公司	ān bǎo gōng sī
esporte (m)	运动	yùn dòng
bolsa (f) de valores	证券交易所	zhèng quàn jiāo yì suǒ
loja (f)	商店	shāng diàn
supermercado (m)	超市	chāo shì
piscina (f)	游泳池	yóu yǒng chí
alfaiataria (f)	裁缝店	cái féng diàn
televisão (f)	电视	diàn shì
teatro (m)	剧院	jù yuàn
comércio (m)	商业	shāng yè
serviços (m pl) de transporte	运输	yùn shū
viagens (f pl)	旅游业	lǚ yóu yè
veterinário (m)	兽医	shòu yī
armazém (m)	仓库	cāng kù
recolha (f) do lixo	垃圾运输	lājī yùnshū

Emprego. Negócios. Parte 2

83. Espetáculo. Feira

feira, exposição (f)	贸易展览会	mào yì zhǎn lǎn huì
feira (f) comercial	展览会	zhǎn lǎn huì
participação (f)	参与	cān yù
participar (vi)	参与	cān yù
participante (m)	参展者	cān zhǎn zhě
diretor (m)	经理	jīng lǐ
direção (f)	组委会	zǔ wěi huì
organizador (m)	组委会	zǔ wěi huì
organizar (vt)	组织	zǔ zhī
ficha (f) de inscrição	参展申请表	cān zhǎn shēn qǐng biǎo
preencher (vt)	填报	tián bào
detalhes (m pl)	细节	xì jié
informação (f)	消息	xiāo xi
preço (m)	价格	jià gé
incluindo	包括	bāo kuò
incluir (vt)	包含	bāo hán
pagar (vt)	付，支付	fù, zhī fù
taxa (f) de inscrição	登记费	dēng jì fèi
entrada (f)	入口	rù kǒu
pavilhão (m), salão (f)	展馆，展厅	zhǎn guǎn, zhǎn tīng
inscrever (vt)	登记	dēng jì
crachá (m)	身份证	shēn fèn zhèng
stand (m)	展览台	zhǎn lǎn tái
reservar (vt)	预订	yù dìng
vitrine (f)	展示柜	zhǎn shì guì
lâmpada (f)	展台灯	zhǎn tái dēng
design (m)	设计	shè jì
pôr (posicionar)	放置	fàng zhì
distribuidor (m)	经销商	jīng xiāo shāng
fornecedor (m)	供应商	gōng yìng shāng
país (m)	国家	guó jiā
estrangeiro (adj)	外国的	wài guó de
produto (m)	产品	chǎn pǐn
associação (f)	社团	shè tuán
sala (f) de conferência	会议室	huì yì shì
congresso (m)	代表大会	dài biǎo dà huì

visitante (m)	参观者	cān guān zhě
visitar (vt)	参观	cān guān
cliente (m)	顾客	gù kè

84. Ciência. Investigação. Cientistas

ciência (f)	科学	kē xué
científico (adj)	科学的	kē xué de
cientista (m)	科学家	kē xué jiā
teoria (f)	理论	lǐ lùn

axioma (m)	公理	gōnglǐ
análise (f)	分析	fēn xī
analisar (vt)	分析	fēn xī
argumento (m)	论据	lùnjù
substância (f)	物质	wù zhì

hipótese (f)	假设	jiǎ shè
dilema (m)	两难推理	liǎng nántuīlǐ
tese (f)	学位论文	xuéwèi lùnwén
dogma (m)	教条	jiào tiáo

doutrina (f)	学说	xué shuō
pesquisa (f)	研究	yán jiū
pesquisar (vt)	研究	yán jiū
testes (m pl)	检验	jiǎn yàn
laboratório (m)	实验室	shí yàn shì

método (m)	方法	fāng fǎ
molécula (f)	分子	fèn zǐ
monitoramento (m)	监测	jiān cè
descoberta (f)	发现	fā xiàn

postulado (m)	公设	gōng shè
princípio (m)	原则	yuán zé
prognóstico (previsão)	预报	yù bào
prognosticar (vt)	预报	yù bào

síntese (f)	综合	zōng hé
tendência (f)	趋势	qū shì
teorema (m)	定理	dìng lǐ

ensinamentos (m pl)	学说	xué shuō
fato (m)	事实	shì shí
experiência (f)	实验	shí yàn

acadêmico (m)	院士	yuàn shì
bacharel (m)	学士	xué shì
doutor (m)	博士	bó shì
professor (m) associado	副教授	fù jiào shòu
mestrado (m)	硕士	shuò shì
professor (m)	教授	jiào shòu

Profissões e ocupações

85. Procura de emprego. Demissão

trabalho (m)	工作	gōng zuò
pessoal (m)	人员	rényuán
carreira (f)	职业	zhí yè
perspectivas (f pl)	前途	qián tú
habilidades (f pl)	技能	jì néng
seleção (f)	挑选	tiāo xuǎn
agência (f) de emprego	职业介绍所	zhí yè jiè shào suǒ
currículo (m)	简历	jiǎn lì
entrevista (f) de emprego	面试	miàn shì
vaga (f)	空缺	kòng quē
salário (m)	薪水	xīn shuǐ
salário (m) fixo	固定薪水	gùdìng xīnshuǐ
pagamento (m)	报酬	bào chóu
cargo (m)	职务	zhí wù
dever (do empregado)	职责	zhí zé
gama (f) de deveres	职责	zhí zé
ocupado (adj)	忙	máng
despedir, demitir (vt)	解雇	jiě gù
demissão (f)	辞退	cí tuì
desemprego (m)	失业	shī yè
desempregado (m)	失业者	shī yè zhě
aposentadoria (f)	退休	tuì xiū
aposentar-se (vr)	退休	tuì xiū

86. Gente de negócios

diretor (m)	经理	jīng lǐ
gerente (m)	主管人	zhǔ guǎn rén
patrão, chefe (m)	老板	lǎo bǎn
superior (m)	上级	shàng jí
superiores (m pl)	管理层	guǎn lǐ céng
presidente (m)	总裁	zǒng cái
chairman (m)	主席	zhǔxí
substituto (m)	副手	fù shǒu
assistente (m)	助手	zhù shǒu
secretário (m)	秘书	mì shū

secretário (m) pessoal	私人秘书	sīrén mìshū
homem (m) de negócios	商人	shāng rén
empreendedor (m)	企业家	qǐ yè jiā
fundador (m)	创始人	chuàng shǐ rén
fundar (vt)	创始	chuàng shǐ
principiador (m)	合伙员	hé huǒ yuán
parceiro, sócio (m)	合伙人	hé huǒ rén
acionista (m)	股东	gǔ dōng
milionário (m)	百万富翁	bǎiwàn fùwēng
bilionário (m)	亿万富翁	yìwàn fùwēng
proprietário (m)	业主	yè zhǔ
proprietário (m) de terras	地主	dì zhǔ
cliente (m)	客户	kèhù
cliente (m) habitual	长期客户	chángqī kèhù
comprador (m)	顾客	gù kè
visitante (m)	参观者	cān guān zhě
profissional (m)	专家	zhuān jiā
perito (m)	行家，专家	háng jiā, zhuān jiā
especialista (m)	专家	zhuān jiā
banqueiro (m)	银行家	yín háng jiā
corretor (m)	经纪人	jīng jì rén
caixa (m, f)	收款员	shōu kuǎn yuán
contador (m)	会计员	kuài jì yuán
guarda (m)	安保员	ān bǎo yuán
investidor (m)	投资者	tóu zī zhě
devedor (m)	债务人	zhài wù rén
credor (m)	债权人	zhài quán rén
mutuário (m)	借款人	jiè kuǎn rén
importador (m)	进口者	jìn kǒu zhě
exportador (m)	出口厂商	chū kǒu chǎng shāng
produtor (m)	生产商	shēng chǎn shāng
distribuidor (m)	经销商	jīng xiāo shāng
intermediário (m)	中间人	zhōng jiān rén
consultor (m)	咨询顾问	zīxún gùwèn
representante comercial	代表	dài biǎo
agente (m)	代理人	dài lǐ rén
agente (m) de seguros	保险代理人	bǎo xiǎn dài lǐ rén

87. Profissões de serviços

cozinheiro (m)	厨师	chúshī
chefe (m) de cozinha	高级厨师	gāojí chúshī
padeiro (m)	面包师	miànbāo shī
barman (m)	酒保	jiǔ bǎo

| garçom (m) | 服务员 | fú wù yuán |
| garçonete (f) | 女服务员 | nǚ fú wù yuán |

advogado (m)	辩护人	biàn hù rén
jurista (m)	律师	lǜ shī
notário (m)	公证人	gōng zhèng rén

eletricista (m)	电工	diàn gōng
encanador (m)	水管工	shuǐ guǎn gōng
carpinteiro (m)	木匠	mù jiàng

massagista (m)	男按摩师	nán ànmóshī
massagista (f)	女按摩师	nǚ ànmóshī
médico (m)	医生	yīshēng

taxista (m)	出租车司机	chūzūchē sī jī
condutor (automobilista)	司机	sī jī
entregador (m)	快递员	kuài dì yuán

camareira (f)	女服务员	nǚ fú wù yuán
guarda (m)	安保员	ān bǎo yuán
aeromoça (f)	空姐	kōng jiě

professor (m)	老师	lǎo shī
bibliotecário (m)	图书馆员	tú shū guǎn yuán
tradutor (m)	翻译，译者	fān yì, yì zhě
intérprete (m)	口译者	kǒu yì zhě
guia (m)	导游	dǎo yóu

cabeleireiro (m)	理发师	lǐ fà shī
carteiro (m)	邮递员	yóu dì yuán
vendedor (m)	售货员	shòu huò yuán

jardineiro (m)	花匠	huā jiàng
criado (m)	仆人	pú rén
criada (f)	女仆	nǚ pú
empregada (f) de limpeza	清洁女工	qīng jié nǚ gōng

88. Profissões militares e postos

soldado (m) raso	士兵，列兵	shìbīng, lièbīng
sargento (m)	中士	zhōng shì
tenente (m)	中尉	zhōng wèi
capitão (m)	上尉	shàng wèi

major (m)	少校	shào xiào
coronel (m)	上校	shàng xiào
general (m)	将军	jiāng jūn
marechal (m)	元帅	yuán shuài
almirante (m)	海军上将	hǎi jūn shàng jiàng

militar (m)	军人	jūn rén
soldado (m)	士兵	shì bīng
oficial (m)	军官	jūn guān

comandante (m)	指挥员	zhǐhuī yuán
guarda (m) de fronteira	边界守卫	biān jiè shǒu wèi
operador (m) de rádio	无线电员	wúxiàndiàn yuán
explorador (m)	侦察兵	zhēn chá bīng
sapador-mineiro (m)	工兵	gōng bīng
atirador (m)	神射手	shén shè shǒu
navegador (m)	领航员	lǐng háng yuán

89. Oficiais. Padres

rei (m)	国王	guó wáng
rainha (f)	王后，女王	wáng hòu, nǚ wáng
príncipe (m)	王子	wáng zǐ
princesa (f)	公主	gōng zhǔ
czar (m)	沙皇	shā huáng
czarina (f)	沙皇皇后	shā huáng huáng hòu
presidente (m)	总统	zǒng tǒng
ministro (m)	部长	bù zhǎng
primeiro-ministro (m)	总理	zǒng lǐ
senador (m)	参议院	cān yì yuàn
diplomata (m)	外交官	wài jiāo guān
cônsul (m)	领事	lǐng shì
embaixador (m)	大使	dàshǐ
conselheiro (m)	顾问	gù wèn
funcionário (m)	官员	guān yuán
prefeito (m)	长官	zhǎng guān
Presidente (m) da Câmara	市长	shì zhǎng
juiz (m)	法官	fǎ guān
procurador (m)	公诉人	gōng sù rén
missionário (m)	传教士	chuán jiào shì
monge (m)	僧侣，修道士	sēng lǚ, xiū dào shì
abade (m)	男修道院院长	nán xiūdàoyuàn yuànzhǎng
rabino (m)	拉比	lā bǐ
vizir (m)	维齐尔	wéi qí ěr
xá (m)	沙阿	shā ē
xeique (m)	族长	zú zhǎng

90. Profissões agrícolas

abelheiro (m)	养蜂人	yǎngfēng rén
pastor (m)	牧人	mù rén
agrônomo (m)	农学家	nóng xuéjiā
criador (m) de gado	饲养者	sì yǎng zhě
veterinário (m)	兽医	shòu yī

agricultor, fazendeiro (m)	农场主	nóng chǎng zhǔ
vinicultor (m)	酒商	jiǔ shāng
zoólogo (m)	动物学家	dòng wù xuéjiā
vaqueiro (m)	牛仔	niú zǎi

91. Profissões artísticas

ator (m)	演员	yǎnyuán
atriz (f)	女演员	nǚ yǎnyuán
cantor (m)	歌手	gē shǒu
cantora (f)	女歌手	nǚ gē shǒu
bailarino (m)	舞蹈家	wǔ dǎo jiā
bailarina (f)	女舞蹈家	nǚ wǔ dǎo jiā
artista (m)	演员	yǎnyuán
artista (f)	女演员	nǚ yǎnyuán
músico (m)	音乐家	yīn yuè jiā
pianista (m)	钢琴家	gāng qín jiā
guitarrista (m)	吉他手	jí tā shǒu
maestro (m)	指挥	zhǐ huī
compositor (m)	作曲家	zuò qū jiā
empresário (m)	经理人	jīng lǐ rén
diretor (m) de cinema	导演	dǎo yǎn
produtor (m)	制片人	zhì piàn rén
roteirista (m)	编剧	biān jù
crítico (m)	评论家	píng lùn jiā
escritor (m)	作家	zuò jiā
poeta (m)	诗人	shī rén
escultor (m)	雕塑家	diāo sù jiā
pintor (m)	画家	huà jiā
malabarista (m)	变戏法者	biàn xì fǎ zhě
palhaço (m)	小丑	xiǎo chǒu
acrobata (m)	杂技演员	zájì yǎnyuán
ilusionista (m)	魔术师	mó shù shī

92. Várias profissões

médico (m)	医生	yīshēng
enfermeira (f)	护士	hù shi
psiquiatra (m)	精神病医生	jīng shén bìng yīshēng
dentista (m)	牙科医生	yá kē yīshēng
cirurgião (m)	外科医生	wài kē yīshēng
astronauta (m)	宇航员	yǔ háng yuán
astrônomo (m)	天文学家	tiānwén xuéjiā

piloto (m)	飞行员	fēi xíng yuán
motorista (m)	驾驶员	jiàshǐ yuán
maquinista (m)	火车司机	huǒ chē sī jī
mecânico (m)	机修工	jī xiū gōng

mineiro (m)	矿工	kuàng gōng
operário (m)	工人	gōng rén
serralheiro (m)	钳工	qián gōng
marceneiro (m)	细木工	xì mù gōng
torneiro (m)	车工	chē gōng
construtor (m)	建筑工人	jiànzhù gōngrén
soldador (m)	焊接工	hàn jiē gōng

professor (m)	教授	jiào shòu
arquiteto (m)	建筑师	jiànzhù shī
historiador (m)	历史学家	lì shǐ xué jiā
cientista (m)	科学家	kē xué jiā
físico (m)	物理学家	wù lǐ xué jiā
químico (m)	化学家	huà xué jiā

arqueólogo (m)	考古学家	kǎo gǔ xué jiā
geólogo (m)	地质学家	dì zhì xué jiā
pesquisador (cientista)	研究者	yán jiū zhě

| babysitter, babá (f) | 临时保姆 | línshí bǎomǔ |
| professor (m) | 教师 | jiào shī |

redator (m)	编辑	biān jí
redator-chefe (m)	总编辑	zǒng biān jí
correspondente (m)	记者	jì zhě
datilógrafa (f)	打字员	dǎ zì yuán

designer (m)	设计师	shè jì shī
especialista (m) em informática	电脑专家	diàn nǎo zhuān jiā
programador (m)	程序员	chéng xù yuán
engenheiro (m)	工程师	gōng chéng shī

marujo (m)	水手	shuǐ shǒu
marinheiro (m)	海员	hǎi yuán
socorrista (m)	救援者	jiù yuán zhě

bombeiro (m)	消防队员	xiāofáng duìyuán
polícia (m)	警察	jǐng chá
guarda-noturno (m)	看守人	kān shǒu rén
detetive (m)	侦探	zhēn tàn

funcionário (m) da alfândega	海关人员	hǎi guān rényuán
guarda-costas (m)	保镖	bǎo biāo
guarda (m) prisional	狱警	yù jǐng
inspetor (m)	检察员	jiǎn chá yuán

esportista (m)	运动员	yùndòng yuán
treinador (m)	教练	jiào liàn
açougueiro (m)	屠夫	túfū
sapateiro (m)	鞋匠	xié jiàng

| comerciante (m) | 商人 | shāng rén |
| carregador (m) | 装货人 | zhuāng huò rén |

| estilista (m) | 时装设计师 | shízhuāng shèjìshī |
| modelo (f) | 模特儿 | mó tè er |

93. Ocupações. Estatuto social

| estudante (~ de escola) | 男学生 | nán xué sheng |
| estudante (~ universitária) | 大学生 | dà xué shēng |

filósofo (m)	哲学家	zhé xué jiā
economista (m)	经济学家	jīng jì xué jiā
inventor (m)	发明者	fā míng zhě

desempregado (m)	失业者	shī yè zhě
aposentado (m)	退休人员	tuì xiū rén yuán
espião (m)	间谍	jiàn dié

preso, prisioneiro (m)	犯人，囚犯	fàn rén, qiú fàn
grevista (m)	罢工者	bà gōng zhě
burocrata (m)	官僚主义者	guān liáo zhǔ yì zhě
viajante (m)	旅行者	lǚ xíng zhě

| homossexual (m) | 同性恋者 | tóng xìng liàn zhě |
| hacker (m) | 黑客 | hēi kè |

bandido (m)	匪徒	fěi tú
assassino (m)	雇佣杀手	gù yōng shā shǒu
drogado (m)	吸毒者	xī dú zhě
traficante (m)	毒贩子	dú fàn zi
prostituta (f)	卖淫者，妓女	mài yín zhě, jì nǚ
cafetão (m)	皮条客	pí tiáo kè

bruxo (m)	巫师	wū shī
bruxa (f)	女巫师	nǚ wū shī
pirata (m)	海盗	hǎi dào
escravo (m)	奴隶	nú lì
samurai (m)	武士	wǔ shì
selvagem (m)	野蛮人	yě mán rén

Educação

94. Escola

escola (f)	学校	xué xiào
diretor (m) de escola	校长	xiào zhǎng
aluno (m)	男学生	nán xué sheng
aluna (f)	女学生	nǚ xué sheng
estudante (m)	男学生	nán xué sheng
estudante (f)	女学生	nǚ xué sheng
ensinar (vt)	教	jiào
aprender (vt)	学，学习	xué, xué xí
decorar (vt)	记住	jì zhù
estudar (vi)	学习	xué xí
estar na escola	上学	shàng xué
ir à escola	去学校	qù xué xiào
alfabeto (m)	字母表	zì mǔ biǎo
disciplina (f)	课程	kè chéng
sala (f) de aula	教室	jiào shì
lição, aula (f)	一堂课	yī táng kè
recreio (m)	课间休息	kè jiān xiū xi
toque (m)	铃	líng
classe (f)	课桌	kè zhuō
quadro (m) negro	黑板	hēi bǎn
nota (f)	分数	fēnshù
boa nota (f)	好分数	hǎo fēnshù
nota (f) baixa	不好分数	bù hǎo fēnshù
dar uma nota	打分数	dǎ fēnshù
erro (m)	错误	cuò wù
errar (vi)	犯错	fàn cuò
corrigir (~ um erro)	改错	gǎi cuò
cola (f)	小抄	xiǎo chāo
dever (m) de casa	家庭作业	jiā tíng zuò yè
exercício (m)	练习	liàn xí
estar presente	出席	chū xí
estar ausente	缺席	quē xí
punir (vt)	惩罚	chéng fá
punição (f)	惩罚	chéng fá
comportamento (m)	行为，举止	xíng wéi, jǔ zhǐ

boletim (m) escolar	成绩单	chéng jì dān
lápis (m)	铅笔	qiān bǐ
borracha (f)	橡皮擦	xiàng pí cā
giz (m)	粉笔	fěnbǐ
porta-lápis (m)	铅笔盒	qiān bǐ hé
mala, pasta, mochila (f)	书包	shū bāo
caneta (f)	钢笔	gāng bǐ
caderno (m)	练习簿	liàn xí bù
livro (m) didático	课本	kè běn
compasso (m)	圆规	yuáng uī
traçar (vt)	画	huà
desenho (m) técnico	工程图	gōng chéng tú
poesia (f)	诗	shī
de cor	凭记性	píng jì xìng
decorar (vt)	记住	jì zhù
férias (f pl)	学校假期	xué xiào jià qī
estar de férias	放假	fàng jià
teste (m), prova (f)	测试，考试	cè shì, kǎo shì
redação (f)	作文	zuò wén
ditado (m)	听写	tīng xiě
exame (m), prova (f)	考试	kǎo shì
fazer prova	参加考试	cān jiā kǎo shì
experiência (~ química)	实验	shí yàn

95. Colégio. Universidade

academia (f)	学院	xué yuàn
universidade (f)	大学	dà xué
faculdade (f)	系	xì
estudante (m)	大学生	dà xué shēng
estudante (f)	大学生	dà xué shēng
professor (m)	讲师	jiǎng shī
auditório (m)	讲堂	jiǎng táng
graduado (m)	毕业生	bì yè shēng
diploma (m)	毕业证	bì yè zhèng
tese (f)	学位论文	xuéwèi lùnwén
estudo (obra)	研究报告	yán jiū bào gào
laboratório (m)	实验室	shí yàn shì
palestra (f)	讲课	jiǎng kè
colega (m) de curso	同学	tóng xué
bolsa (f) de estudos	奖学金	jiǎng xué jīn
grau (m) acadêmico	学位	xué wèi

96. Ciências. Disciplinas

matemática (f)	数学	shù xué
álgebra (f)	代数学	dài shù xué
geometria (f)	几何学	jǐ hé xué
astronomia (f)	天文学	tiān wén xué
biologia (f)	生物学	shēng wù xué
geografia (f)	地理学	dì lǐ xué
geologia (f)	地质学	dì zhì xué
história (f)	历史学	lìshǐ xué
medicina (f)	医学	yī xué
pedagogia (f)	教育学	jiàoyù xué
direito (m)	法学	fǎ xué
física (f)	物理学	wù lǐ xué
química (f)	化学	huà xué
filosofia (f)	哲学	zhé xué
psicologia (f)	心理学	xīn lǐ xué

97. Sistema de escrita. Ortografia

gramática (f)	语法	yǔ fǎ
vocabulário (m)	词汇	cí huì
fonética (f)	语音学	yǔ yīn xué
substantivo (m)	名词	míng cí
adjetivo (m)	形容词	xíng róng cí
verbo (m)	动词	dòng cí
advérbio (m)	副词	fùcí
pronome (m)	代词	dài cí
interjeição (f)	感叹词	gǎn tàn cí
preposição (f)	介词	jiè cí
raiz (f)	词根	cí gēn
terminação (f)	词尾	cí wěi
prefixo (m)	前缀	qián zhuì
sílaba (f)	音节	yīn jié
sufixo (m)	后缀	hòu zhuì
acento (m)	重音	zhòng yīn
apóstrofo (f)	撇号	piē hào
ponto (m)	点	diǎn
vírgula (f)	逗号	dòu hào
ponto e vírgula (m)	分号	fēn hào
dois pontos (m pl)	冒号	mào hào
reticências (f pl)	省略号	shěng lüè hào
ponto (m) de interrogação	问号	wèn hào
ponto (m) de exclamação	感叹号	gǎn tàn hào

aspas (f pl)	引号	yǐn hào
entre aspas	在引号	zài yǐn hào
parênteses (m pl)	括号	kuò hào
entre parênteses	在圆括号	zài yuán kuò hào
hífen (m)	连字符	lián zì fú
travessão (m)	破折号	pò zhé hào
espaço (m)	空白	kòng bái
letra (f)	字母	zì mǔ
letra (f) maiúscula	大写字母	dà xiě zì mǔ
vogal (f)	元音	yuán yīn
consoante (f)	辅音	fǔyīn
frase (f)	句子	jù zi
sujeito (m)	主语	zhǔ yǔ
predicado (m)	谓语	wèi yǔ
linha (f)	行	háng
em uma nova linha	另起一行	lìng qǐ yī xíng
parágrafo (m)	段，段落	duàn, duàn luò
palavra (f)	字，单词	zì, dāncí
grupo (m) de palavras	词组	cí zǔ
expressão (f)	短语	duǎn yǔ
sinônimo (m)	同义词	tóng yì cí
antônimo (m)	反义词	fǎn yì cí
regra (f)	规则	guī zé
exceção (f)	例外	lì wài
correto (adj)	正确的	zhèng què de
conjugação (f)	变位	biàn wèi
declinação (f)	变格	biàn gé
caso (m)	名词格	míng cí gé
pergunta (f)	问题	wèn tí
sublinhar (vt)	在 … 下画线	zài … xià huà xiàn
linha (f) pontilhada	点线	diǎn xiàn

98. Línguas estrangeiras

língua (f)	语言	yǔ yán
língua (f) estrangeira	外语	wài yǔ
estudar (vt)	学习	xué xí
aprender (vt)	学，学习	xué, xué xí
ler (vt)	读	dú
falar (vi)	说	shuō
entender (vt)	明白	míng bai
escrever (vt)	写	xiě
rapidamente	快	kuài
devagar, lentamente	慢慢地	màn màn de

fluentemente	流利	liú lì
regras (f pl)	规则	guī zé
gramática (f)	语法	yǔ fǎ
vocabulário (m)	词汇	cí huì
fonética (f)	语音学	yǔ yīn xué
livro (m) didático	课本	kè běn
dicionário (m)	词典	cí diǎn
manual (m) autodidático	自学的书	zì xué de shū
guia (m) de conversação	短语手册	duǎn yǔ shǒu cè
fita (f) cassete	磁带	cí dài
videoteipe (m)	录像带	lù xiàng dài
CD (m)	光盘	guāng pán
DVD (m)	数字影碟	shù zì yǐng dié
alfabeto (m)	字母表	zì mǔ biǎo
soletrar (vt)	拼写	pīn xiě
pronúncia (f)	发音	fā yīn
sotaque (m)	口音	kǒu yin
com sotaque	带口音	dài kǒu yin
sem sotaque	没有口音	méiyǒu kǒuyin
palavra (f)	字，单词	zì, dāncí
sentido (m)	意义	yì yì
curso (m)	讲座	jiǎng zuò
inscrever-se (vr)	报名	bào míng
professor (m)	老师	lǎo shī
tradução (processo)	翻译	fān yì
tradução (texto)	翻译	fān yì
tradutor (m)	翻译，译者	fān yì, yì zhě
intérprete (m)	口译者	kǒu yì zhě
memória (f)	记忆力	jì yì lì

Descanso. Entretenimento. Viagens

99. Viagens

turismo (m)	旅 游	lǚ yóu
turista (m)	旅行者	lǚ xíng zhě
viagem (f)	旅行	lǚ xíng
aventura (f)	冒险	mào xiǎn
percurso (curta viagem)	旅行	lǚ xíng
férias (f pl)	休假	xiū jià
estar de férias	放假	fàng jià
descanso (m)	休息	xiū xi
trem (m)	火车	huǒ chē
de trem (chegar ~)	乘火车	chéng huǒchē
avião (m)	飞机	fēijī
de avião	乘飞机	chéng fēijī
de carro	乘汽车	chéng qìchē
de navio	乘船	chéng chuán
bagagem (f)	行李	xíng li
mala (f)	手提箱	shǒu tí xiāng
carrinho (m)	行李车	xíng li chē
passaporte (m)	护照	hù zhào
visto (m)	签证	qiān zhèng
passagem (f)	票	piào
passagem (f) aérea	飞机票	fēijī piào
guia (m) de viagem	旅行指南	lǚ xíng zhǐ nán
mapa (m)	地图	dì tú
área (f)	地方	dì fang
lugar (m)	地方	dì fang
exotismo (m)	尖蕤鸢尾	jiān ruǐ yuān wěi
exótico (adj)	外来的	wài lái de
surpreendente (adj)	惊人的	jīng rén de
grupo (m)	组	zǔ
excursão (f)	游览	yóu lǎn
guia (m)	导游	dǎo yóu

100. Hotel

hotel (m)	酒店	jiǔ diàn
motel (m)	汽车旅馆	qì chē lǚ guǎn
três estrelas	三星级	sān xīng jí

cinco estrelas	五星级	wǔ xīng jí
ficar (vi, vt)	暂住	zàn zhù
quarto (m)	房间	fáng jiān
quarto (m) individual	单人间	dān rén jiān
quarto (m) duplo	双人间	shuāng rén jiān
reservar um quarto	订房间	dìng fáng jiān
meia pensão (f)	半膳宿	bàn shàn sù
pensão (f) completa	全食宿	quán shí sù
com banheira	带洗澡间	dài xǐ zǎo jiān
com chuveiro	带有淋浴	dài yǒu lín yù
televisão (m) por satélite	卫星电视	wèixīng diànshì
ar (m) condicionado	空调	kōng tiáo
toalha (f)	毛巾，浴巾	máo jīn, yù jīn
chave (f)	钥匙	yào shi
administrador (m)	管理者	guǎn lǐ zhě
camareira (f)	女服务员	nǚ fú wù yuán
bagageiro (m)	行李生	xíng li shēng
porteiro (m)	看门人	kān mén rén
restaurante (m)	饭馆	fàn guǎn
bar (m)	酒吧	jiǔ bā
café (m) da manhã	早饭	zǎo fàn
jantar (m)	晚餐	wǎn cān
bufê (m)	自助餐	zì zhù cān
saguão (m)	大厅	dà tīng
elevador (m)	电梯	diàn tī
NÃO PERTURBE	请勿打扰	qǐng wù dǎ rǎo
PROIBIDO FUMAR!	禁止吸烟	jìnzhǐ xīyān

EQUIPAMENTO TÉCNICO. TRANSPORTES

Equipamento técnico. Transportes

101. Computador

computador (m)	电脑	diàn nǎo
computador (m) portátil	笔记本电脑	bǐ jì běn diàn nǎo
ligar (vt)	打开	dǎ kāi
desligar (vt)	关	guān
teclado (m)	键盘	jiàn pán
tecla (f)	键	jiàn
mouse (m)	鼠标	shǔ biāo
tapete (m) para mouse	鼠标垫	shǔ biāo diàn
botão (m)	按钮	àn niǔ
cursor (m)	光标	guāng biāo
monitor (m)	监视器	jiān shì qì
tela (f)	屏幕	píng mù
disco (m) rígido	硬盘	yìng pán
capacidade (f) do disco rígido	硬盘容量	yìng pán róngliàng
memória (f)	内存	nèi cún
memória RAM (f)	随机存储器	suí jī cún chǔ qì
arquivo (m)	文件	wén jiàn
pasta (f)	文件夹	wén jiàn jiā
abrir (vt)	打开	dǎ kāi
fechar (vt)	关闭	guān bì
salvar (vt)	保存	bǎo cún
deletar (vt)	删除	shān chú
copiar (vt)	复制	fù zhì
ordenar (vt)	排序	pái xù
copiar (vt)	复制	fù zhì
programa (m)	程序	chéng xù
software (m)	软件	ruǎn jiàn
programador (m)	程序员	chéng xù yuán
programar (vt)	编制程序	biān zhì chéng xù
hacker (m)	黑客	hēi kè
senha (f)	密码	mì mǎ
vírus (m)	病毒	bìng dú
detectar (vt)	发现	fā xiàn
byte (m)	字节	zìjié

megabyte (m)	兆字节	zhào zìjié
dados (m pl)	数据	shù jù
base (f) de dados	数据库	shù jù kù

cabo (m)	电缆	diàn lǎn
desconectar (vt)	断开	duàn kāi
conectar (vt)	连接	lián jiē

102. Internet. E-mail

internet (f)	因特网	yīn tè wǎng
browser (m)	浏览器	liú lǎn qì
motor (m) de busca	搜索引擎	sōu suǒ yǐn qíng
provedor (m)	互联网服务供应商	hù lián wǎng fú wù gōng yìng shāng

webmaster (m)	网站管理员	wǎng zhàn guǎnlǐyuán
website (m)	网站	wǎng zhàn
web page (f)	网页	wǎng yè

| endereço (m) | 地址 | dì zhǐ |
| livro (m) de endereços | 通讯录 | tōng xùn lù |

| caixa (f) de correio | 邮箱 | yóu xiāng |
| correio (m) | 邮件 | yóu jiàn |

mensagem (f)	邮件消息	yóujiàn xiāoxi
remetente (m)	发信人	fā xìn rén
enviar (vt)	发信	fā xìn
envio (m)	发信	fā xìn

| destinatário (m) | 收信人 | shōu xìn rén |
| receber (vt) | 收到 | shōu dào |

| correspondência (f) | 通信 | tōng xìn |
| corresponder-se (vr) | 通信 | tōng xìn |

arquivo (m)	文件	wén jiàn
fazer download, baixar (vt)	下载	xià zǎi
criar (vt)	创造	chuàng zào
deletar (vt)	删除	shān chú
deletado (adj)	删除的	shān chú de

conexão (f)	连接	lián jiē
velocidade (f)	速度	sù dù
modem (m)	调制解调器	tiáo zhì jiě diào qì
acesso (m)	存取	cún qǔ
porta (f)	端口	duān kǒu

| conexão (f) | 连接 | lián jiē |
| conectar (vi) | 连接 | lián jiē |

| escolher (vt) | 选 | xuǎn |
| buscar (vt) | 搜寻 | sōu xún |

103. Eletricidade

eletricidade (f)	电	diàn
elétrico (adj)	电动的	diàn dòng de
planta (f) elétrica	发电厂	fā diàn chǎng
energia (f)	电能	diàn néng
energia (f) elétrica	电力	diàn lì
lâmpada (f)	灯泡	dēng pào
lanterna (f)	手电筒	shǒu diàn tǒng
poste (m) de iluminação	路灯，街灯	lù dēng, jiē dēng
luz (f)	电灯	diàn dēng
ligar (vt)	打开	dǎ kāi
desligar (vt)	关	guān
apagar a luz	关灯	guān dēng
queimar (vi)	烧坏	shāo huài
curto-circuito (m)	短路	duǎn lù
ruptura (f)	断线	duàn xiàn
contato (m)	触点	chù diǎn
interruptor (m)	开关	kāi guān
tomada (de parede)	插座	chā zuò
plugue (m)	插头	chā tóu
extensão (f)	延长线	yán cháng xiàn
fusível (m)	保险丝	bǎo xiǎn sī
fio, cabo (m)	电线	diàn xiàn
instalação (f) elétrica	电气配线	diàn qì pèi xiàn
ampère (m)	安培	ān péi
amperagem (f)	电流强度	diàn liú qiáng dù
volt (m)	伏，伏特	fú, fú tè
voltagem (f)	伏特数	fú tè shù
aparelho (m) elétrico	电动仪器	diàn dòng yí qì
indicador (m)	指示灯	zhǐ shì dēng
eletricista (m)	电工	diàn gōng
soldar (vt)	焊接	hàn jiē
soldador (m)	烙铁	lào tiě
corrente (f) elétrica	电流	diàn liú

104. Ferramentas

ferramenta (f)	工具	gōng jù
ferramentas (f pl)	工具	gōng jù
equipamento (m)	设备	shè bèi
martelo (m)	锤子	chuí zi
chave (f) de fenda	螺丝刀	luó sī dāo
machado (m)	斧子	fǔzi

serra (f)	锯	jù
serrar (vt)	锯	jù
plaina (f)	刨子	bào zi
aplainar (vt)	刨，刨平	bào, páo píng
soldador (m)	烙铁	lào tiě
soldar (vt)	焊接	hàn jiē
lima (f)	锉刀	cuò dāo
tenaz (f)	胡桃钳	hú táo qián
alicate (m)	电工钳	diàn gōng qián
formão (m)	凿子	záo zi
broca (f)	钻头	zuàn tóu
furadeira (f) elétrica	电钻	diàn zuàn
furar (vt)	钻	zuàn
faca (f)	刀，刀子	dāo, dāo zi
lâmina (f)	刀刃	dāo rèn
afiado (adj)	锋利的	fēng lì de
cego (adj)	钝的	dùn de
embotar-se (vr)	变钝	biàn dùn
afiar, amolar (vt)	磨快	mó kuài
parafuso (m)	螺栓	luó shuān
porca (f)	螺帽	luó mào
rosca (f)	螺纹	luó wén
parafuso (para madeira)	木螺钉	mù luó dīng
prego (m)	钉子	dīng zi
cabeça (f) do prego	钉头	dìng tóu
régua (f)	直尺	zhí chǐ
fita (f) métrica	卷尺	juǎn chǐ
nível (m)	水平尺	shuǐ píng chǐ
lupa (f)	放大镜	fàng dà jìng
medidor (m)	测量工具	cè liàng gōng jù
medir (vt)	测量	cè liáng
escala (f)	标尺	biāo chǐ
indicação (f), registro (m)	读数	dú shù
compressor (m)	压气机	yā qì jī
microscópio (m)	显微镜	xiǎn wēi jìng
bomba (f)	气筒	qì tǒng
robô (m)	机器人	jī qì rén
laser (m)	激光器	jī guāng qì
chave (f) de boca	扳手	bān shǒu
fita (f) adesiva	胶带	jiāo dài
cola (f)	胶水	jiāo shuǐ
lixa (f)	砂纸	shā zhǐ
mola (f)	弹簧	tán huáng
ímã (m)	磁石	cí shí

luva (f)	手套	shǒu tào
corda (f)	绳子	shéng zi
cabo (~ de nylon, etc.)	线绳	xiàn shéng
fio (m)	电线	diàn xiàn
cabo (~ elétrico)	电缆	diàn lǎn
marreta (f)	大锤	dà chuí
pé de cabra (m)	铁撬棍	tiě qiào gùn
escada (f) de mão	伸缩梯	shēn suō tī
escada (m)	折梯	zhé tī
enroscar (vt)	拧紧	nǐng jǐn
desenroscar (vt)	拧开	nǐng kāi
apertar (vt)	拧紧	nǐng jǐn
colar (vt)	贴	tiē
cortar (vt)	切	qiē
falha (f)	毛病	máo bìng
conserto (m)	修理	xiū lǐ
consertar, reparar (vt)	修理	xiū lǐ
regular, ajustar (vt)	调整	tiáo zhěng
verificar (vt)	检查	jiǎn chá
verificação (f)	检查	jiǎn chá
indicação (f), registro (m)	读数	dú shù
seguro (adj)	可靠的	kě kào de
complicado (adj)	复杂的	fù zá de
enferrujar (vi)	生锈	shēng xiù
enferrujado (adj)	生锈的	shēng xiù de
ferrugem (f)	锈	xiù

Transportes

105. Avião

avião (m)	飞机	fēijī
passagem (f) aérea	飞机票	fēijī piào
companhia (f) aérea	航空公司	hángkōng gōngsī
aeroporto (m)	机场	jī chǎng
supersônico (adj)	超音速的	chāo yīn sù de
comandante (m) do avião	机长	jī zhǎng
tripulação (f)	机组	jī zǔ
piloto (m)	飞行员	fēi xíng yuán
aeromoça (f)	空姐	kōng jiě
copiloto (m)	领航员	lǐng háng yuán
asas (f pl)	机翼	jī yì
cauda (f)	机尾	jī wěi
cabine (f)	座舱	zuò cāng
motor (m)	发动机	fā dòng jī
trem (m) de pouso	起落架	qǐ luò jià
turbina (f)	涡轮	wō lún
hélice (f)	螺旋桨	luó xuán jiǎng
caixa-preta (f)	黑匣子	hēi xiá zi
coluna (f) de controle	飞机驾驶盘	fēijī jiàshǐpán
combustível (m)	燃料	rán liào
instruções (f pl) de segurança	指南	zhǐ nán
máscara (f) de oxigênio	氧气面具	yǎngqì miànjù
uniforme (m)	制服	zhì fú
colete (m) salva-vidas	救生衣	jiù shēng yī
paraquedas (m)	降落伞	jiàng luò sǎn
decolagem (f)	起飞	qǐ fēi
descolar (vi)	起飞	qǐ fēi
pista (f) de decolagem	跑道	pǎo dào
visibilidade (f)	可见度	kě jiàn dù
voo (m)	飞行	fēi xíng
altura (f)	高度	gāo dù
poço (m) de ar	气潭	qì tán
assento (m)	座位	zuò wèi
fone (m) de ouvido	耳机	ěr jī
mesa (f) retrátil	折叠托盘	zhé dié tuō pán
janela (f)	舷窗，机窗	xián chuāng, jī chuāng
corredor (m)	过道	guò dào

106. Comboio

trem (m)	火车	huǒ chē
trem (m) elétrico	电动火车	diàndòng huǒ chē
trem (m)	快车	kuài chē
locomotiva (f) diesel	内燃机车	nèiránjī chē
locomotiva (f) a vapor	蒸汽机车	zhēngqìjī chē
vagão (f) de passageiros	铁路客车	tiě lù kè chē
vagão-restaurante (m)	餐车	cān chē
carris (m pl)	铁轨	tiě guǐ
estrada (f) de ferro	铁路	tiě lù
travessa (f)	枕木	zhěn mù
plataforma (f)	月台	yuè tái
linha (f)	月台	yuè tái
semáforo (m)	臂板信号机	bìbǎn xìnhào jī
estação (f)	火车站	huǒ chē zhàn
maquinista (m)	火车司机	huǒ chē sī jī
bagageiro (m)	搬运工	bān yùn gōng
hospedeiro, -a (m, f)	列车员	liè chē yuán
passageiro (m)	乘客	chéng kè
revisor (m)	列车员	liè chē yuán
corredor (m)	走廊	zǒu láng
freio (m) de emergência	紧急制动器	jǐn jí zhì dòng qì
compartimento (m)	包房	bāo fáng
cama (f)	卧铺	wò pù
cama (f) de cima	上铺	shàng pù
cama (f) de baixo	下铺	xià pù
roupa (f) de cama	被单	bèi dān
passagem (f)	票	piào
horário (m)	列车时刻表	lièchē shíkèbiǎo
painel (m) de informação	时刻表	shí kè biǎo
partir (vt)	离开	lí kāi
partida (f)	发车	fā chē
chegar (vi)	到达	dào dá
chegada (f)	到达	dào dá
chegar de trem	乘坐火车抵达	chéngzuò huǒchē dǐdá
pegar o trem	上车	shàng chē
descer de trem	下车	xià chē
locomotiva (f) a vapor	蒸汽机车	zhēngqìjī chē
foguista (m)	添煤工	tiān méi gōng
fornalha (f)	火箱	huǒ xiāng
carvão (m)	煤炭	méi tàn

107. Barco

navio (m)	大船	dà chuán
embarcação (f)	船	chuán
barco (m) a vapor	汽船	qì chuán
barco (m) fluvial	江轮	jiāng lún
transatlântico (m)	远洋班轮	yuǎn yáng bān lún
cruzeiro (m)	巡洋舰	xún yáng jiàn
iate (m)	快艇	kuài tǐng
rebocador (m)	拖轮	tuō lún
barcaça (f)	驳船	bó chuán
ferry (m)	渡轮，渡船	dù lún, dù chuán
veleiro (m)	帆船	fān chuán
bergantim (m)	双桅帆船	shuāng wéi fān chuán
quebra-gelo (m)	破冰船	pò bīng chuán
submarino (m)	潜水艇	qián shuǐ tǐng
bote, barco (m)	小船	xiǎo chuán
baleeira (bote salva-vidas)	小艇	xiǎo tǐng
bote (m) salva-vidas	救生艇	jiù shēng tǐng
lancha (f)	汽艇	qì tǐng
capitão (m)	船长，舰长	chuán zhǎng, jiàn zhǎng
marinheiro (m)	水手	shuǐ shǒu
marujo (m)	海员	hǎi yuán
tripulação (f)	船员	chuán yuán
contramestre (m)	水手长	shuǐ shǒu zhǎng
grumete (m)	小水手	xiǎo shuǐ shǒu
cozinheiro (m) de bordo	船上厨师	chuánshàng chúshī
médico (m) de bordo	随船医生	suí chuán yī shēng
convés (m)	甲板	jiǎ bǎn
mastro (m)	桅	wéi
vela (f)	帆	fān
porão (m)	货舱	huò cāng
proa (f)	船头	chuán tóu
popa (f)	船尾	chuán wěi
remo (m)	桨	jiǎng
hélice (f)	螺旋桨	luó xuán jiǎng
cabine (m)	小舱	xiǎo cāng
sala (f) dos oficiais	旅客休息室	lǚkè xiū xī shì
sala (f) das máquinas	轮机舱	lún jī cāng
ponte (m) de comando	舰桥	jiàn qiáo
sala (f) de comunicações	无线电室	wú xiàn diàn shì
onda (f)	波	bō
diário (m) de bordo	航海日志	háng hǎi rì zhì
luneta (f)	单筒望远镜	dān tǒng wàng yuán jìng
sino (m)	钟	zhōng

bandeira (f)	旗	qí
cabo (m)	缆绳	lǎn shéng
nó (m)	结	jié

| corrimão (m) | 栏杆 | lán gān |
| prancha (f) de embarque | 舷梯 | xián tī |

âncora (f)	锚	máo
recolher a âncora	起锚	qǐ máo
jogar a âncora	抛锚	pāo máo
amarra (corrente de âncora)	锚链	máo liàn

porto (m)	港市	gǎng shì
cais, amarradouro (m)	码头	mǎ tóu
atracar (vi)	系泊	jì bó
desatracar (vi)	启航	qǐ háng

viagem (f)	旅行	lǚ xíng
cruzeiro (m)	航游	háng yóu
rumo (m)	航向	háng xiàng
itinerário (m)	航线	háng xiàn

canal (m) de navegação	水路	shuǐ lù
banco (m) de areia	浅水	qiǎn shuǐ
encalhar (vt)	搁浅	gē qiǎn

tempestade (f)	风暴	fēng bào
sinal (m)	信号	xìn hào
afundar-se (vr)	沉没	chén mò
SOS	求救信号	qiú jiù xìn hào
boia (f) salva-vidas	救生圈	jiù shēng quān

108. Aeroporto

aeroporto (m)	机场	jī chǎng
avião (m)	飞机	fēijī
companhia (f) aérea	航空公司	hángkōng gōngsī
controlador (m) de tráfego aéreo	调度员	diào dù yuán

partida (f)	出发	chū fā
chegada (f)	到达	dào dá
chegar (vi)	到达	dào dá

| hora (f) de partida | 起飞时间 | qǐ fēi shíjiān |
| hora (f) de chegada | 到达时间 | dào dá shíjiān |

| estar atrasado | 晚点 | wǎn diǎn |
| atraso (m) de voo | 班机晚点 | bān jī wǎn diǎn |

painel (m) de informação	航班信息板	háng bān xìn xī bǎn
informação (f)	信息	xìn xī
anunciar (vt)	通知	tōng zhī
voo (m)	航班，班机	háng bān, bān jī

alfândega (f)	海关	hăi guān
funcionário (m) da alfândega	海关人员	hăi guān rényuán
declaração (f) alfandegária	报关单	bào guān dān
preencher a declaração	填报关单	tián bào guān dān
controle (m) de passaporte	护照检查	hùzhào jiănchá
bagagem (f)	行李	xíng li
bagagem (f) de mão	手提行李	shǒu tí xíng li
carrinho (m)	行李车	xíng li chē
pouso (m)	着陆	zhuó lù
pista (f) de pouso	跑道	pǎo dào
aterrissar (vi)	着陆	zhuó lù
escada (f) de avião	舷梯	xián tī
check-in (m)	办理登机	bàn lǐ dēng jī
balcão (m) do check-in	办理登机手续处	bàn lǐ dēng jī shǒu xù chù
fazer o check-in	登记	dēng jì
cartão (m) de embarque	登机牌	dēng jī pái
portão (m) de embarque	登机口	dēng jī kǒu
trânsito (m)	中转	zhōng zhuǎn
esperar (vi, vt)	等候	dēng hòu
sala (f) de espera	出发大厅	chū fā dà tīng
despedir-se (acompanhar)	送别	sòng bié
despedir-se (dizer adeus)	说再见	shuō zài jiàn

Eventos

109. Férias. Evento

festa (f)	庆典	qìng diǎn
feriado (m) nacional	国家假日	guó jiā jià rì
feriado (m)	公休假日	gōng xiū jià rì
festejar (vt)	庆祝	qìng zhù
evento (festa, etc.)	事件	shì jiàn
evento (banquete, etc.)	活动	huó dòng
banquete (m)	宴会	yàn huì
recepção (f)	招待会	zhāo dài huì
festim (m)	酒宴	jiǔ yàn
aniversário (m)	周年	zhōu nián
jubileu (m)	周年纪念	zhōu nián jì niàn
celebrar (vt)	庆祝	qìng zhù
Ano (m) Novo	新年	xīn nián
Feliz Ano Novo!	新年快乐！	xīn nián kuài lè!
Natal (m)	圣诞节	shèng dàn jié
Feliz Natal!	圣诞 快乐！	shèng dàn kuài lè!
árvore (f) de Natal	圣诞树	shèng dàn shù
fogos (m pl) de artifício	焰火	yàn huǒ
casamento (m)	婚礼	hūn lǐ
noivo (m)	新郎	xīn láng
noiva (f)	新娘	xīn niáng
convidar (vt)	邀请	yāo qǐng
convite (m) .	邀请	yāo qǐng
convidado (m)	客人	kè rén
visitar (vt)	做客	zuò kè
receber os convidados	迎接客人	yíng jiē kè rén
presente (m)	礼物	lǐ wù
oferecer, dar (vt)	赠送	zèng sòng
receber presentes	收到礼物	shōu dào lǐ wù
buquê (m) de flores	花束	huā shù
felicitações (f pl)	祝贺	zhù hè
felicitar (vt)	祝贺	zhù hè
cartão (m) de parabéns	贺年片	hènián piàn
enviar um cartão postal	寄明信片	jì míngxìn piàn
receber um cartão postal	收明信片	shōu míngxìn piàn
brinde (m)	祝酒	zhù jiǔ

oferecer (vt)	给	gěi
champanhe (m)	香槟	xiāng bīn
divertir-se (vr)	乐趣	lè qù
diversão (f)	娱乐	yú lè
alegria (f)	欢欣	huān xīn
dança (f)	舞蹈	wǔ dǎo
dançar (vi)	跳舞	tiào wǔ
valsa (f)	华尔兹	huá ěr zī
tango (m)	探戈舞	tàn gē wǔ

110. Funerais. Enterro

cemitério (m)	墓地	mùdì
sepultura (f), túmulo (m)	墓穴	mù xué
lápide (f)	墓碑	mù bēi
cerca (f)	围栏	wéi lán
capela (f)	小教堂	xiǎo jiào táng
morte (f)	死亡	sǐ wáng
morrer (vi)	死，死亡	sǐ, sǐ wáng
defunto (m)	死人	sǐ rén
luto (m)	哀悼日	āi dào rì
enterrar, sepultar (vt)	埋葬	mái zàng
funerária (f)	殡仪馆	bìn yí guǎn
funeral (m)	葬礼	zàng lǐ
coroa (f) de flores	花圈	huā quān
caixão (m)	棺材	guān cái
carro (m) funerário	灵车	líng chē
mortalha (f)	裹尸布	guǒ shī bù
urna (f) funerária	骨灰罐	gǔ huī guàn
crematório (m)	火葬场	huǒ zàng chǎng
obituário (m), necrologia (f)	讣告，讣闻	fù gào, fù wén
chorar (vi)	哭	kū
soluçar (vi)	啜泣	chuò qì

111. Guerra. Soldados

pelotão (m)	排	pái
companhia (f)	连	lián
regimento (m)	团	tuán
exército (m)	军	jūn
divisão (f)	师	shī
esquadrão (m)	小分队	xiǎo fēn duì
hoste (f)	军队	jūn duì

soldado (m)	士兵	shì bīng
oficial (m)	军官	jūn guān
soldado (m) raso	士兵，列兵	shìbīng, lièbīng
sargento (m)	中士	zhōng shì
tenente (m)	中尉	zhōng wèi
capitão (m)	上尉	shàng wèi
major (m)	少校	shào xiào
coronel (m)	上校	shàng xiào
general (m)	将军	jiāng jūn
marujo (m)	水兵	shuǐ bīng
capitão (m)	上尉	shàng wèi
contramestre (m)	水手长	shuǐ shǒu zhǎng
artilheiro (m)	炮兵	pào bīng
soldado (m) paraquedista	伞兵	sǎn bīng
piloto (m)	飞行员	fēi xíng yuán
navegador (m)	领航员	lǐng háng yuán
mecânico (m)	机修工	jī xiū gōng
sapador-mineiro (m)	工兵	gōng bīng
paraquedista (m)	伞兵	sǎn bīng
explorador (m)	侦察兵	zhēn chá bīng
atirador (m) de tocaia	狙击手	jū jī shǒu
patrulha (f)	巡逻队	xún luó duì
patrulhar (vt)	巡逻	xún luó
sentinela (f)	哨兵	shào bīng
guerreiro (m)	勇士	yǒng shì
patriota (m)	爱国者	ài guó zhě
herói (m)	英雄	yīng xióng
heroína (f)	女英雄	nǚ yīng xióng
traidor (m)	叛徒	pàn tú
desertor (m)	逃兵	táo bīng
desertar (vt)	擅离	shàn lí
mercenário (m)	雇佣兵	gù yōng bīng
recruta (m)	新兵	xīn bīng
voluntário (m)	志愿兵	zhì yuàn bīng
morto (m)	死者	sǐ zhě
ferido (m)	伤员	shāng yuán
prisioneiro (m) de guerra	战俘	zhàn fú

112. Guerra. Ações militares. Parte 1

guerra (f)	战争	zhàn zhēng
guerrear (vt)	开战	kāi zhàn
guerra (f) civil	内战	nèi zhàn
perfidamente	背信弃义地	bèi xìn qì yì de
declaração (f) de guerra	宣战	xuān zhàn

declarar guerra	宣战	xuān zhàn
agressão (f)	侵略	qīn lüè
atacar (vt)	侵略	qīn lüè
invadir (vt)	侵略	qīn lüè
invasor (m)	侵略者	qīn lüè zhě
conquistador (m)	征服者	zhēng fú zhě
defesa (f)	国防	guó fáng
defender (vt)	保卫	bǎo wèi
defender-se (vr)	保卫	bǎo wèi
inimigo, adversário (m)	敌人	dí rén
inimigo (adj)	敌人的	dí rén de
estratégia (f)	战略	zhàn lüè
tática (f)	战术	zhàn shù
ordem (f)	命令	mìng lìng
comando (m)	命令	mìng lìng
ordenar (vt)	命令	mìng lìng
missão (f)	任务	rèn wu
secreto (adj)	秘密的	mì mì de
batalha (f)	会战	huì zhàn
combate (m)	战斗	zhàn dòu
ataque (m)	袭击	xí jī
assalto (m)	攻陷，猛攻	gōng xiàn, měng gōng
assaltar (vt)	猛攻	měng gōng
assédio, sítio (m)	包围	bāo wéi
ofensiva (f)	进攻	jìn gōng
tomar à ofensiva	进攻	jìn gōng
retirada (f)	退却	tuì què
retirar-se (vr)	退却	tuì què
cerco (m)	包围	bāo wéi
cercar (vt)	包围	bāo wéi
bombardeio (m)	轰炸	hōng zhà
lançar uma bomba	投弹	tóu dàn
bombardear (vt)	轰炸	hōng zhà
explosão (f)	爆炸	bào zhà
tiro (m)	射击	shè jī
dar um tiro	射击	shè jī
tiroteio (m)	枪击事件	qiāng jī shì jiàn
apontar para ...	瞄准	miáo zhǔn
apontar (vt)	瞄准	miáo zhǔn
acertar (vt)	击中	jī zhòng
afundar (~ um navio, etc.)	击沉	jī chén
brecha (f)	洞	dòng

afundar-se (vr)	沉没	chén mò
frente (m)	前线	qián xiàn
evacuação (f)	疏散	shū sàn
evacuar (vt)	疏散	shū sàn

arame (m) enfarpado	倒钩铁丝	dǎo gōu tiě sī
barreira (f) anti-tanque	障碍物	zhàng ài wù
torre (f) de vigia	岗楼	gǎng lóu

hospital (m) militar	医院	yī yuàn
ferir (vt)	打伤	dǎ shāng
ferida (f)	伤口	shāng kǒu
ferido (m)	伤员	shāng yuán
ficar ferido	受伤	shòu shāng
grave (ferida ~)	严重的	yán zhòng de

113. Guerra. Ações militares. Parte 2

cativeiro (m)	囚禁	qiú jìn
capturar (vt)	俘虏	fúlǔ
estar em cativeiro	当 … 俘虏	dāng … fúlǔ
ser aprisionado	被 … 俘虏	bèi … fúlǔ

campo (m) de concentração	集中营	jí zhōng yíng
prisioneiro (m) de guerra	战俘	zhàn fú
escapar (vi)	逃脱	táo tuō

trair (vt)	背叛	bèi pàn
traidor (m)	叛徒	pàn tú
traição (f)	背叛	bèi pàn

| fuzilar, executar (vt) | 枪决 | qiāng jué |
| fuzilamento (m) | 枪毙 | qiāng bì |

equipamento (m)	制服	zhì fú
insígnia (f) de ombro	肩章	jiān zhāng
máscara (f) de gás	防毒面具	fáng dú miàn jù

rádio (m)	无线电台	wú xiàn diàn tái
cifra (f), código (m)	密码	mì mǎ
conspiração (f)	秘密活动	mì mì huó dòng
senha (f)	口令	kǒu lìng

mina (f)	地雷	dì léi
minar (vt)	布雷	bù léi
campo (m) minado	地雷区	dì léi qū

alarme (m) aéreo	防空警报	fáng kōng jǐng bào
alarme (m)	警报	jǐng bào
sinal (m)	信号	xìn hào
sinalizador (m)	信号弹	xìn hào dàn

| quartel-general (m) | 司令部 | sī lìng bù |
| reconhecimento (m) | 侦察 | zhēn chá |

situação (f)	情况	qíng kuàng
relatório (m)	报告	bào gào
emboscada (f)	埋伏	mái fu
reforço (m)	增援部队	zēng yuán bù duì

alvo (m)	靶子	bǎ zi
campo (m) de tiro	靶场	bǎ chǎng
manobras (f pl)	演习	yǎn xí

pânico (m)	惊慌	jīng huāng
devastação (f)	破坏	pò huài
ruínas (f pl)	废墟	fèi xū
destruir (vt)	破坏	pò huài

sobreviver (vi)	活下来	huó xiàlai
desarmar (vt)	解除武装	jiěchú wǔzhuāng
manusear (vt)	操纵	cāo zòng

| Sentido! | 立正! | lì zhèng! |
| Descansar! | 稍息! | shào xī! |

façanha (f)	英雄业绩	yīng xióng yèjì
juramento (m)	誓言	shì yán
jurar (vi)	发誓	fā shì

condecoração (f)	勋章	xūn zhāng
condecorar (vt)	奖赏	jiǎng shǎng
medalha (f)	奖章	jiǎng zhāng
ordem (f)	勋章	xūn zhāng

vitória (f)	胜利	shèng lì
derrota (f)	失败	shī bài
armistício (m)	休战	xiū zhàn

bandeira (f)	旗	qí
glória (f)	光荣	guāng róng
parada (f)	阅兵	yuè bīng
marchar (vi)	列队行进	liè duì xíng jìn

114. Armas

arma (f)	武器	wǔ qì
arma (f) de fogo	火器	huǒ qì
arma (f) branca	冷兵器	lěng bīng qì

arma (f) química	化学武器	huà xué wǔ qì
nuclear (adj)	核 …	hé …
arma (f) nuclear	核武器	hé wǔ qì

| bomba (f) | 炸弹 | zhà dàn |
| bomba (f) atômica | 原子弹 | yuán zǐ dàn |

| pistola (f) | 手枪 | shǒu qiāng |
| rifle (m) | 火枪 | huǒ qiāng |

semi-automática (f)	冲锋枪	chōng fēng qiāng
metralhadora (f)	机枪	jī qiāng
boca (f)	枪口	qiāng kǒu
cano (m)	枪管	qiāng guǎn
calibre (m)	口径	kǒu jìng
gatilho (m)	扳机	bān jī
mira (f)	瞄准器	miáo zhǔn qì
carregador (m)	弹匣	dàn xiá
coronha (f)	枪托	qiāng tuō
granada (f) de mão	手榴弹	shǒu liú dàn
explosivo (m)	炸药	zhà yào
bala (f)	子弹	zǐdàn
cartucho (m)	枪弹	qiāng dàn
carga (f)	弹药，火药	dàn yào, huǒ yào
munições (f pl)	弹药	dàn yào
bombardeiro (m)	轰炸机	hōng zhà jī
avião (m) de caça	歼击机	jiān jī jī
helicóptero (m)	直升飞机	zhí shēng fēi jī
canhão (m) antiaéreo	高射炮	gāo shè pào
tanque (m)	坦克	tǎn kè
canhão (de um tanque)	坦克炮	tǎn kè pào
artilharia (f)	炮	pào
fazer a pontaria	瞄准	miáo zhǔn
projétil (m)	炮弹	pào dàn
granada (f) de morteiro	迫击炮榴弹	pǎi jī pào liú dàn
morteiro (m)	迫击炮	pǎi jī pào
estilhaço (m)	碎片	suì piàn
submarino (m)	潜水艇	qián shuǐ tǐng
torpedo (m)	鱼雷	yú léi
míssil (m)	导弹	dǎo dàn
carregar (uma arma)	装弹	zhuāng dàn
disparar, atirar (vi)	射击	shè jī
apontar para ...	瞄准	miáo zhǔn
baioneta (f)	刺刀	cìdāo
espada (f)	重剑	zhòng jiàn
sabre (m)	马刀	mǎ dāo
lança (f)	矛	máo
arco (m)	弓	gōng
flecha (f)	箭	jiàn
mosquete (m)	火枪	huǒ qiāng
besta (f)	弩，石弓	nǔ, shí gōng

115. Povos da antiguidade

primitivo (adj)	原始的	yuán shǐ de
pré-histórico (adj)	史前的	shǐ qián de
antigo (adj)	古代的	gǔ dài de
Idade (f) da Pedra	石器时代	shí qì shí dài
Idade (f) do Bronze	青铜时代	qīng tóng shí dài
Era (f) do Gelo	冰河时代	bīng hé shí dài
tribo (f)	部落	bù luò
canibal (m)	食人族	shí rén zú
caçador (m)	猎人	liè rén
caçar (vi)	打猎	dǎ liè
mamute (m)	猛犸	měng mǎ
caverna (f)	洞穴	dòng xué
fogo (m)	火	huǒ
fogueira (f)	火堆	huǒ duī
pintura (f) rupestre	岩画	yán huà
ferramenta (f)	工具	gōng jù
lança (f)	矛	máo
machado (m) de pedra	石斧子	shí fǔ zi
guerrear (vt)	开战	kāi zhàn
domesticar (vt)	驯养	xùn yǎng
ídolo (m)	偶像	ǒu xiàng
adorar, venerar (vt)	崇拜	chóng bài
superstição (f)	迷信	mí xìn
evolução (f)	进化	jìn huà
desenvolvimento (m)	发展	fā zhǎn
extinção (f)	消失	xiāo shī
adaptar-se (vr)	适应	shì yìng
arqueologia (f)	考古学	kǎo gǔ xué
arqueólogo (m)	考古学家	kǎo gǔ xué jiā
arqueológico (adj)	考古学的	kǎo gǔ xué de
escavação (sítio)	考古发掘现场	kǎo gǔ fā jué xiàn chǎng
escavações (f pl)	考古发掘工作	kǎo gǔ fā jué gōng zuò
achado (m)	发现	fā xiàn
fragmento (m)	碎片，碎块	suì piàn, suì kuài

116. Idade média

povo (m)	民族	mín zú
povos (m pl)	民族	mín zú
tribo (f)	部落	bù luò
tribos (f pl)	部落	bù luò
bárbaros (pl)	野蛮人	yě mán rén
galeses (pl)	高卢人	gāo lú rén

godos (pl)	哥特人	gē tè rén
eslavos (pl)	斯拉夫人	sī lā fū rén
viquingues (pl)	北欧海盗	běi ōu hǎi dào
romanos (pl)	古罗马人	gǔ luó mǎ rén
romano (adj)	罗马的	luó mǎ de
bizantinos (pl)	拜占庭人	bàizhàntíng rén
Bizâncio	拜占庭	bàizhàntíng
bizantino (adj)	拜占庭的	bàizhàntíng de
imperador (m)	皇帝	huáng dì
líder (m)	领袖	lǐng xiù
poderoso (adj)	强大的	qiáng dà de
rei (m)	国王	guó wáng
governante (m)	统治者	tǒng zhì zhě
cavaleiro (m)	骑士	qí shì
senhor feudal (m)	封建主	fēng jiàn zhǔ
feudal (adj)	封建的	fēng jiàn de
vassalo (m)	封臣	fēng chén
duque (m)	公爵	gōng jué
conde (m)	伯爵	bó jué
barão (m)	男爵	nán jué
bispo (m)	主教	zhǔ jiào
armadura (f)	盔甲	kuī jiǎ
escudo (m)	盾牌	dùn pái
espada (f)	剑	jiàn
viseira (f)	面甲	miàn jiǎ
cota (f) de malha	锁子甲	suǒ zǐ jiǎ
cruzada (f)	十字军远征	shízìjūn yuǎnzhēng
cruzado (m)	十字军战士	shízìjūn zhànshì
território (m)	领土	lǐng tǔ
atacar (vt)	侵略	qīn lüè
conquistar (vt)	征服	zhēng fú
ocupar, invadir (vt)	侵占	qīn zhàn
assédio, sítio (m)	包围	bāo wéi
sitiado (adj)	包围的	bāo wéi de
assediar, sitiar (vt)	包围	bāo wéi
inquisição (f)	宗教裁判所	zōngjiào cáipàn suǒ
inquisidor (m)	宗教裁判者	zōngjiào cáipàn zhě
tortura (f)	拷打	kǎo dǎ
cruel (adj)	残酷的	cán kù de
herege (m)	异教徒	yì jiào tú
heresia (f)	异教	yì jiào
navegação (f) marítima	航海	háng hǎi
pirata (m)	海盗	hǎi dào
pirataria (f)	海盗行为	hǎi dào xíng wéi
abordagem (f)	接舷战	jiē xián zhàn

| presa (f), butim (m) | 赃物 | zāng wù |
| tesouros (m pl) | 宝物 | bǎo wù |

descobrimento (m)	发现	fā xiàn
descobrir (novas terras)	发现	fā xiàn
expedição (f)	探险	tàn xiǎn

mosqueteiro (m)	火枪兵	huǒ qiāng bīng
cardeal (m)	红衣主教	hóng yǐ zhǔ jiào
heráldica (f)	徽章学	huī zhāng xué
heráldico (adj)	徽章学的	huī zhāng xué de

117. Líder. Chefe. Autoridades

rei (m)	国王	guó wáng
rainha (f)	王后，女王	wáng hòu, nǚ wáng
real (adj)	皇家的	huáng jiā de
reino (m)	王国	wáng guó

| príncipe (m) | 王子 | wáng zǐ |
| princesa (f) | 公主 | gōng zhǔ |

presidente (m)	总统	zǒng tǒng
vice-presidente (m)	副总统	fù zǒng tǒng
senador (m)	参议院	cān yì yuàn

monarca (m)	君主	jūn zhǔ
governante (m)	统治者	tǒng zhì zhě
ditador (m)	独裁者	dú cái zhě
tirano (m)	暴君	bào jūn
magnata (m)	大亨	dà hēng

diretor (m)	经理	jīng lǐ
chefe (m)	老板	lǎo bǎn
gerente (m)	主管人	zhǔ guǎn rén

| patrão (m) | 老板 | lǎo bǎn |
| dono (m) | 业主 | yè zhǔ |

chefe (m)	团长	tuán zhǎng
autoridades (f pl)	当局	dāng jú
superiores (m pl)	管理层	guǎn lǐ céng

governador (m)	省长	shěng zhǎng
cônsul (m)	领事	lǐng shì
diplomata (m)	外交官	wài jiāo guān

| Presidente (m) da Câmara | 市长 | shì zhǎng |
| xerife (m) | 县治安官 | xiàn zhì ān guān |

imperador (m)	皇帝	huáng dì
czar (m)	沙皇	shā huáng
faraó (m)	法老	fǎ lǎo
cã, khan (m)	可汗	kè hán

118. Violação da lei. Criminosos. Parte 1

bandido (m)	匪徒	fěi tú
crime (m)	罪行	zuì xíng
criminoso (m)	罪犯	zuì fàn
ladrão (m)	小偷	xiǎo tōu
roubar (vt)	偷窃	tōu qiè
roubo (atividade)	偷盗	tōu dào
furto (m)	偷窃	tōu qiè
raptar, sequestrar (vt)	绑票	bǎng piào
sequestro (m)	绑架罪	bǎng jià zuì
sequestrador (m)	绑票者	bǎng piào zhě
resgate (m)	赎金	shú jīn
pedir resgate	要赎金	yào shú jīn
roubar (vt)	抢劫	qiǎng jié
assaltante (m)	抢劫犯	qiǎng jié fàn
extorquir (vt)	敲诈	qiāo zhà
extorsionário (m)	敲诈者	qiāo zhà zhě
extorsão (f)	敲诈罪	qiāo zhà zuì
matar, assassinar (vt)	杀死	shā sǐ
homicídio (m)	杀人	shā rén
homicida, assassino (m)	杀人犯	shā rén fàn
tiro (m)	射击	shè jī
dar um tiro	射击	shè jī
matar a tiro	枪杀	qiāng shā
disparar, atirar (vi)	射击	shè jī
tiroteio (m)	枪击事件	qiāng jī shì jiàn
incidente (m)	事故	shì gù
briga (~ de rua)	打架，打斗	dǎ jià, dǎ dòu
Socorro!	救命！	jiù mìng!
vítima (f)	受害者	shòu hài zhě
danificar (vt)	毁坏	huǐ huài
dano (m)	损失	sǔn shī
cadáver (m)	尸体	shī tǐ
grave (adj)	严重的	yán zhòng de
atacar (vt)	攻击	gōng jī
bater (espancar)	打	dǎ
espancar (vt)	痛打	tòng dǎ
tirar, roubar (dinheiro)	夺走	duó zǒu
esfaquear (vt)	捅死	tǒng sǐ
mutilar (vt)	把 … 打成残废	bǎ … dǎchéng cánfèi
ferir (vt)	打伤	dǎ shāng
chantagem (f)	勒索	lè suǒ
chantagear (vt)	勒索	lè suǒ

113

chantagista (m)	勒索者	lè suǒ zhě
extorsão (f)	敲诈罪	qiāo zhà zuì
extorsionário (m)	敲诈者	qiāo zhà zhě
gângster (m)	歹徒	dǎi tú
máfia (f)	黑手党	hēi shǒu dǎng

punguista (m)	小偷	xiǎo tōu
assaltante, ladrão (m)	破门盗窃者	pò mén dào qiè zhě
contrabando (m)	走私	zǒu sī
contrabandista (m)	走私者	zǒu sī zhě

falsificação (f)	伪造品	wěi zào pǐn
falsificar (vt)	伪造	wěi zào
falsificado (adj)	伪造的	wěi zào de

119. Violação da lei. Criminosos. Parte 2

estupro (m)	强奸	qiáng jiān
estuprar (vt)	强奸	qiáng jiān
estuprador (m)	强奸犯	qiáng jiān fàn
maníaco (m)	疯子	fēng zi

prostituta (f)	卖淫者，妓女	mài yín zhě, jì nǚ
prostituição (f)	卖淫	mài yín
cafetão (m)	皮条客	pí tiáo kè

| drogado (m) | 吸毒者 | xī dú zhě |
| traficante (m) | 毒贩子 | dú fàn zi |

explodir (vt)	炸毁	zhà huǐ
explosão (f)	爆炸	bào zhà
incendiar (vt)	放火	fàng huǒ
incendiário (m)	纵火犯	zòng huǒ fàn

terrorismo (m)	恐怖主义	kǒng bù zhǔ yì
terrorista (m)	恐怖分子	kǒng bù fèn zǐ
refém (m)	人质	rén zhì

enganar (vt)	欺骗	qī piàn
engano (m)	欺骗行为	qī piàn xíng wéi
vigarista (m)	骗子	piàn zi

subornar (vt)	贿赂	huì lù
suborno (atividade)	贿赂	huì lù
suborno (dinheiro)	贿赂	huì lù

veneno (m)	毒物，毒药	dú wù, dú yào
envenenar (vt)	毒死	dú sǐ
envenenar-se (vr)	服毒自杀	fú dú zì shā

suicídio (m)	自杀	zì shā
suicida (m)	自杀者	zì shā zhě
ameaçar (vt)	威胁	wēi xié
ameaça (f)	威胁	wēi xié

| atentar contra a vida de ... | 犯罪未遂 | fànzuì wèisuì |
| atentado (m) | 杀人企图 | shā rén qǐ tú |

| roubar (um carro) | 偷 | tōu |
| sequestrar (um avião) | 劫持 | jié chí |

| vingança (f) | 报仇 | bào chóu |
| vingar (vt) | 报 ⋯ 之仇 | bào ... zhī chóu |

torturar (vt)	拷打	kǎo dǎ
tortura (f)	拷打	kǎo dǎ
atormentar (vt)	虐待	nüè dài

pirata (m)	海盗	hǎi dào
desordeiro (m)	流氓	liú máng
armado (adj)	携带武器的	xié dài wǔ qì de
violência (f)	暴力	bào lì

| espionagem (f) | 间谍活动 | jiàn dié huó dòng |
| espionar (vi) | 充当间谍 | chōng dāng jiàn dié |

120. Polícia. Lei. Parte 1

| justiça (sistema de ~) | 司法 | sī fǎ |
| tribunal (m) | 法院 | fǎ yuàn |

juiz (m)	法官	fǎ guān
jurados (m pl)	陪审团成员	péi shěn tuán chéng yuán
tribunal (m) do júri	陪审团审判	péi shěn tuán shěn pàn
julgar (vt)	审判	shěn pàn

advogado (m)	辩护人	biàn hù rén
réu (m)	被告	bèi gào
banco (m) dos réus	被告席	bèi gào xí

| acusação (f) | 指控 | zhǐ kòng |
| acusado (m) | 被告 | bèi gào |

| sentença (f) | 判决 | pàn jué |
| sentenciar (vt) | 判处 | pàn chǔ |

culpado (m)	有罪的人	yǒu zuì de rén
punir (vt)	惩罚	chéng fá
punição (f)	惩罚	chéng fá

multa (f)	罚款	fá kuǎn
prisão (f) perpétua	无期徒刑	wú qī tú xíng
pena (f) de morte	死刑	sǐ xíng
cadeira (f) elétrica	电椅	diàn yǐ
forca (f)	绞刑架	jiǎo xíng jià

executar (vt)	处决	chǔ jué
execução (f)	死刑	sǐ xíng
prisão (f)	监狱	jiā nyù

cela (f) de prisão	单人牢房	dān rén láo fáng
escolta (f)	护送队	hù sòng duì
guarda (m) prisional	狱警	yù jǐng
preso, prisioneiro (m)	犯人，囚犯	fàn rén, qiú fàn

| algemas (f pl) | 手铐 | shǒu kào |
| algemar (vt) | 戴上手铐 | dài shang shǒu kào |

fuga, evasão (f)	逃跑	táo pǎo
fugir (vi)	逃跑	táo pǎo
desaparecer (vi)	消失	xiāo shī
soltar, libertar (vt)	获释	huò shì
anistia (f)	赦免	shè miǎn

polícia (instituição)	警察	jǐng chá
polícia (m)	警察	jǐng chá
delegacia (f) de polícia	警察局	jǐng chá jú
cassetete (m)	警棍	jǐng gùn
megafone (m)	扩音器	kuò yīn qì

carro (m) de patrulha	巡逻车	xún luó chē
sirene (f)	警报器	jǐng bào qì
ligar a sirene	开警报器	kāi jǐng bào qì
toque (m) da sirene	警报器声	jǐng bào qì shēng

cena (f) do crime	犯罪现场	fànzuì xiànchǎng
testemunha (f)	目击者	mù jī zhě
liberdade (f)	自由	zì yóu
cúmplice (m)	同犯，共犯	tóng fàn, gòng fàn
escapar (vi)	逃脱	táo tuō
traço (não deixar ~s)	脚印	jiǎo yìn

121. Polícia. Lei. Parte 2

procura (f)	寻找	xún zhǎo
procurar (vt)	寻找	xún zhǎo
suspeita (f)	怀疑	huái yí
suspeito (adj)	令人怀疑的	lìng rén huái yí de
parar (veículo, etc.)	拦住	lán zhù
deter (fazer parar)	扣押，拘留	kòu yā, jū liú

caso (~ criminal)	案件，案子	àn jiàn, àn zi
investigação (f)	侦查	zhēn chá
detetive (m)	侦探	zhēn tàn
investigador (m)	侦查员	zhēn chá yuán
versão (f)	说法	shuō fa

motivo (m)	动机	dòng jī
interrogatório (m)	讯问，审问	xùn wèn, shěn wèn
interrogar (vt)	审问	shěn wèn
questionar (vt)	询问	xún wèn
verificação (f)	检查	jiǎn chá
batida (f) policial	围捕	wéi bǔ
busca (f)	搜查	sōu chá

perseguição (f)	追捕	zhuī bǔ
perseguir (vt)	追踪	zhuī zōng
seguir, rastrear (vt)	监视	jiān shì
prisão (f)	逮捕	dài bǔ
prender (vt)	拘捕	jū bǔ
pegar, capturar (vt)	逮住	dǎi zhù
captura (f)	捕获	bǔ huò
documento (m)	文件	wén jiàn
prova (f)	证据	zhèng jù
provar (vt)	证明	zhèng míng
pegada (f)	脚印	jiǎo yìn
impressões (f pl) digitais	指纹	zhǐ wén
prova (f)	证据	zhèng jù
álibi (m)	托辞	tuō cí
inocente (adj)	无罪的	wú zuì de
injustiça (f)	非正义	fēi zhèng yì
injusto (adj)	不公正的	bù gōng zhèng de
criminal (adj)	刑事的	xíng shì de
confiscar (vt)	没收	mò shōu
droga (f)	毒品	dú pǐn
arma (f)	武器	wǔ qì
desarmar (vt)	缴械	jiǎo xiè
ordenar (vt)	命令	mìng lìng
desaparecer (vi)	消失	xiāo shī
lei (f)	法律	fǎ lǜ
legal (adj)	合法的	hé fǎ de
ilegal (adj)	非法的	fēi fǎ de
responsabilidade (f)	责任	zé rèn
responsável (adj)	负责的	fù zé de

NATUREZA

A Terra. Parte 1

122. Espaço sideral

espaço, cosmo (m)	宇宙	yǔ zhòu
espacial, cósmico (adj)	宇宙的，太空	yǔ zhòu de, tài kōng
espaço (m) cósmico	外层空间	wài céng kōng jiān

| mundo, universo (m) | 宇宙 | yǔ zhòu |
| galáxia (f) | 银河系 | yín hé xì |

estrela (f)	星，恒星	xīng, héng xīng
constelação (f)	星座	xīng zuò
planeta (m)	行星	xíng xīng
satélite (m)	卫星	wèi xīng

meteorito (m)	陨石	yǔn shí
cometa (m)	彗星	huì xīng
asteroide (m)	小行星	xiǎo xíng xīng

órbita (f)	轨道	guǐ dào
girar (vi)	公转	gōng zhuàn
atmosfera (f)	大气层	dà qì céng

Sol (m)	太阳	tài yáng
Sistema (m) Solar	太阳系	tài yáng xì
eclipse (m) solar	日食	rì shí

| Terra (f) | 地球 | dì qiú |
| Lua (f) | 月球 | yuè qiú |

Marte (m)	火星	huǒ xīng
Vênus (f)	金星	jīn xīng
Júpiter (m)	木星	mù xīng
Saturno (m)	土星	tǔ xīng

Mercúrio (m)	水星	shuǐ xīng
Urano (m)	天王星	tiān wáng xīng
Netuno (m)	海王星	hǎi wáng xīng
Plutão (m)	冥王星	míng wáng xīng

Via Láctea (f)	银河	yín hé
Ursa Maior (f)	大熊座	dà xióng zuò
Estrela Polar (f)	北极星	běi jí xīng

| marciano (m) | 火星人 | huǒ xīng rén |
| extraterrestre (m) | 外星人 | wài xīng rén |

alienígena (m)	外星人	wài xīng rén
disco (m) voador	飞碟	fēi dié
espaçonave (f)	宇宙飞船	yǔ zhòu fēi chuán
estação (f) orbital	宇宙空间站	yǔ zhòu kōng jiān zhàn
lançamento (m)	发射	fā shè
motor (m)	发动机	fā dòng jī
bocal (m)	喷嘴	pēn zuǐ
combustível (m)	燃料	rán liào
cabine (f)	座舱	zuò cāng
antena (f)	天线	tiān xiàn
vigia (f)	舷窗	xián chuāng
bateria (f) solar	太阳能电池	tàiyáng néng diànchí
traje (m) espacial	太空服	tài kōng fú
imponderabilidade (f)	失重	shī zhòng
oxigênio (m)	氧气	yǎng qì
acoplagem (f)	对接	duì jiē
fazer uma acoplagem	对接	duì jiē
observatório (m)	天文台	tiānwén tái
telescópio (m)	天文望远镜	tiānwén wàngyuǎnjìng
observar (vt)	观察到	guān chá dào
explorar (vt)	探索	tàn suǒ

123. A Terra

Terra (f)	地球	dì qiú
globo terrestre (Terra)	地球	dì qiú
planeta (m)	行星	xíng xīng
atmosfera (f)	大气层	dà qì céng
geografia (f)	地理学	dì lǐ xué
natureza (f)	自然界	zì rán jiè
globo (mapa esférico)	地球仪	dì qiú yí
mapa (m)	地图	dì tú
atlas (m)	地图册	dì tú cè
Europa (f)	欧洲	oūzhōu
Ásia (f)	亚洲	yàzhōu
África (f)	非洲	fēizhōu
Austrália (f)	澳洲	àozhōu
América (f)	美洲	měizhōu
América (f) do Norte	北美洲	běiměizhōu
América (f) do Sul	南美洲	nánměizhōu
Antártida (f)	南极洲	nánjízhōu
Ártico (m)	北极地区	běijídìqū

124. Pontos cardeais

norte (m)	北方	běi fāng
para norte	朝北	cháo běi
no norte	在北方	zài běi fāng
do norte (adj)	北方的	běi fāng de
sul (m)	南方	nán fāng
para sul	朝南	cháo nán
no sul	在南方	zài nán fāng
do sul (adj)	南方的	nán fāng de
oeste, ocidente (m)	西方	xī fāng
para oeste	朝西	cháo xī
no oeste	在西方	zài xī fāng
ocidental (adj)	西方的	xī fāng de
leste, oriente (m)	东方	dōng fāng
para leste	朝东	cháo dōng
no leste	在东方	zài dōng fāng
oriental (adj)	东方的	dōng fāng de

125. Mar. Oceano

mar (m)	海，大海	hǎi, dà hǎi
oceano (m)	海洋，大海	hǎi yáng, dà hǎi
golfo (m)	海湾	hǎi wān
estreito (m)	海峡	hǎi xiá
terra (f) firme	陆地	lù dì
continente (m)	大陆，洲	dà lù, zhōu
ilha (f)	岛，海岛	dǎo, hǎi dǎo
península (f)	半岛	bàn dǎo
arquipélago (m)	群岛	qún dǎo
baía (f)	海湾	hǎi wān
porto (m)	港口	gǎng kǒu
lagoa (f)	泻湖	xiè hú
cabo (m)	海角	hǎi jiǎo
atol (m)	环状珊瑚岛	huánzhuàng shānhúdǎo
recife (m)	礁	jiāo
coral (m)	珊瑚	shān hú
recife (m) de coral	珊瑚礁	shān hú jiāo
profundo (adj)	深的	shēn de
profundidade (f)	深度	shēn dù
abismo (m)	深渊	shēn yuān
fossa (f) oceânica	海沟	hǎi gōu
corrente (f)	水流	shuǐ liú
banhar (vt)	环绕	huán rào
litoral (m)	岸	àn

costa (f)	海岸，海滨	hǎi àn, hǎi bīn
maré (f) alta	高潮	gāo cháo
refluxo (m)	落潮	luò cháo
restinga (f)	沙洲	shā zhōu
fundo (m)	海底	hǎi dǐ
onda (f)	波浪	bō làng
crista (f) da onda	浪峰	làng fēng
espuma (f)	泡沫	pào mò
tempestade (f)	风暴	fēng bào
furacão (m)	飓风	jù fēng
tsunami (m)	海啸	hǎi xiào
calmaria (f)	风平浪静	fēng píng làng jìng
calmo (adj)	平静的	píng jìng de
polo (m)	北极	běi jí
polar (adj)	北极的	běi jí de
latitude (f)	纬度	wěi dù
longitude (f)	经度	jīng dù
paralela (f)	纬线	wěi xiàn
equador (m)	赤道	chì dào
céu (m)	天	tiān
horizonte (m)	地平线	dì píng xiàn
ar (m)	空气	kōng qì
farol (m)	灯塔	dēng tǎ
mergulhar (vi)	跳水	tiào shuǐ
afundar-se (vr)	沉没	chén mò
tesouros (m pl)	宝物	bǎo wù

126. Nomes de Mares e Oceanos

Oceano (m) Atlântico	大西洋	dà xī yáng
Oceano (m) Índico	印度洋	yìn dù yáng
Oceano (m) Pacífico	太平洋	tài píng yáng
Oceano (m) Ártico	北冰洋	běi bīng yáng
Mar (m) Negro	黑海	hēi hǎi
Mar (m) Vermelho	红海	hóng hǎi
Mar (m) Amarelo	黄海	huáng hǎi
Mar (m) Branco	白海	bái hǎi
Mar (m) Cáspio	里海	lǐ hǎi
Mar (m) Morto	死海	sǐ hǎi
Mar (m) Mediterrâneo	地中海	dìzhōng hǎi
Mar (m) Egeu	爱琴海	àiqín hǎi
Mar (m) Adriático	亚得里亚海	yàdélǐyà hǎi
Mar (m) Arábico	阿拉伯海	ālābó hǎi
Mar (m) do Japão	日本海	rìběn hǎi

Mar (m) de Bering	白令海	báilìng hǎi
Mar (m) da China Meridional	南海	nán hǎi
Mar (m) de Coral	珊瑚海	shānhú hǎi
Mar (m) de Tasman	塔斯曼海	tǎsīmàn hǎi
Mar (m) do Caribe	加勒比海	jiālèbǐ hǎi
Mar (m) de Barents	巴伦支海	bālúnzhī hǎi
Mar (m) de Kara	喀拉海	kālā hǎi
Mar (m) do Norte	北海	běi hǎi
Mar (m) Báltico	波罗的海	bōluódì hǎi
Mar (m) da Noruega	挪威海	nuówēi hǎi

127. Montanhas

montanha (f)	山	shān
cordilheira (f)	山脉	shān mài
serra (f)	山脊	shān jǐ
cume (m)	山顶	shān dǐng
pico (m)	山峰	shān fēng
pé (m)	山脚	shān jiǎo
declive (m)	山坡	shān pō
vulcão (m)	火山	huǒ shān
vulcão (m) ativo	活火山	huó huǒ shān
vulcão (m) extinto	死火山	sǐ huǒ shān
erupção (f)	喷发	pèn fā
cratera (f)	火山口	huǒ shān kǒu
magma (m)	岩浆	yán jiāng
lava (f)	熔岩	róng yán
fundido (lava ~a)	炽热的	chì rè de
cânion, desfiladeiro (m)	峡谷	xiá gǔ
garganta (f)	峡谷	xiá gǔ
fenda (f)	裂罅	liè xià
passo, colo (m)	山口	shān kǒu
planalto (m)	高原	gāo yuán
falésia (f)	悬崖	xuán yá
colina (f)	小山	xiǎo shān
geleira (f)	冰川，冰河	bīng chuān, bīng hé
cachoeira (f)	瀑布	pù bù
gêiser (m)	间歇泉	jiàn xiē quán
lago (m)	湖	hú
planície (f)	平原	píng yuán
paisagem (f)	风景	fēng jǐng
eco (m)	回声	huí shēng
alpinista (m)	登山家	dēng shān jiā
escalador (m)	攀岩者	pān yán zhě

| conquistar (vt) | 征服 | zhēng fú |
| subida, escalada (f) | 登山 | dēng shān |

128. Nomes de montanhas

Alpes (m pl)	阿尔卑斯	āěrbēisī
Monte Branco (m)	勃朗峰	bólǎngfēng
Pirineus (m pl)	比利牛斯	bǐlìniúsī
Cárpatos (m pl)	喀尔巴阡	kāerbāqiān
Urais (m pl)	乌拉尔山脉	wūlāěr shānmài
Cáucaso (m)	高加索	gāojiāsuǒ
Elbrus (m)	厄尔布鲁士山	èěrbùlǔshìshān
Altai (m)	阿尔泰	āěrtài
Tian Shan (m)	天山	tiānshān
Pamir (m)	帕米尔高原	pàmǐěr gāoyuán
Himalaia (m)	喜马拉雅山	xǐmǎlāyǎ shān
monte Everest (m)	珠穆朗玛峰	zhūmùlǎngmǎfēng
Cordilheira (f) dos Andes	安第斯	āndìsī
Kilimanjaro (m)	乞力马扎罗	qǐlìmǎzháluó

129. Rios

rio (m)	河，江	hé, jiāng
fonte, nascente (f)	泉，泉水	quán, quán shuǐ
leito (m) de rio	河床	hé chuáng
bacia (f)	流域	liú yù
desaguar no …	流入	liú rù
afluente (m)	支流	zhī liú
margem (do rio)	岸	àn
corrente (f)	水流	shuǐ liú
rio abaixo	顺流而下	shùn liú ér xià
rio acima	溯流而上	sù liú ér shàng
inundação (f)	洪水	hóng shuǐ
cheia (f)	水灾	shuǐ zāi
transbordar (vi)	溢出	yì chū
inundar (vt)	淹没	yān mò
banco (m) de areia	浅水	qiǎn shuǐ
corredeira (f)	急流	jí liú
barragem (f)	坝，堤坝	bà, dī bà
canal (m)	运河	yùn hé
reservatório (m) de água	水库	shuǐ kù
eclusa (f)	水闸	shuǐ zhá
corpo (m) de água	水体	shuǐ tǐ
pântano (m)	沼泽	zhǎo zé

lamaçal (m)	烂泥塘	làn ní táng
redemoinho (m)	漩涡	xuàn wō
riacho (m)	小溪	xiǎo xī
potável (adj)	饮用的	yǐn yòng de
doce (água)	淡水的	dàn shuǐ de
gelo (m)	冰	bīng
congelar-se (vr)	封冻	fēng dòng

130. Nomes de rios

rio Sena (m)	塞纳河	sènà hé
rio Loire (m)	卢瓦尔河	lúwǎěr hé
rio Tâmisa (m)	泰晤士河	tàiwùshì hé
rio Reno (m)	莱茵河	láiyīn hé
rio Danúbio (m)	多瑙河	duōnǎo hé
rio Volga (m)	伏尔加河	fúěrjiā hé
rio Don (m)	顿河	dùn hé
rio Lena (m)	勒拿河	lèná hé
rio Amarelo (m)	黄河	huáng hé
rio Yangtzé (m)	长江	chángjiāng
rio Mekong (m)	湄公河	méigōng hé
rio Ganges (m)	恒河	héng hé
rio Nilo (m)	尼罗河	níluó hé
rio Congo (m)	刚果河	gāngguǒ hé
rio Cubango (m)	奥卡万戈河	àokǎwàngē hé
rio Zambeze (m)	赞比亚河	zànbǐyà hé
rio Limpopo (m)	林波波河	línbōbō hé
rio Mississippi (m)	密西西比河	mìxīxībǐ hé

131. Floresta

floresta (f), bosque (m)	森林，树林	sēn lín, shù lín
florestal (adj)	树林的	shù lín de
mata (f) fechada	密林	mì lín
arvoredo (m)	小树林	xiǎo shù lín
clareira (f)	林中草地	lín zhōng cǎo dì
matagal (m)	灌木丛	guàn mù cóng
mato (m), caatinga (f)	灌木林	guàn mù lín
pequena trilha (f)	小道	xiǎo dào
ravina (f)	冲沟	chōng gōu
árvore (f)	树，乔木	shù, qiáo mù
folha (f)	叶子	yè zi

folhagem (f)	树叶	shù yè
queda (f) das folhas	落叶	luò yè
cair (vi)	凋落	diāo luò
topo (m)	树梢	shù shāo
ramo (m)	树枝	shù zhī
galho (m)	粗树枝	cū shù zhī
botão (m)	芽	yá
agulha (f)	针叶	zhēn yè
pinha (f)	球果	qiú guǒ
buraco (m) de árvore	树洞	shù dòng
ninho (m)	鸟窝	niǎo wō
toca (f)	洞穴，兽穴	dòng xué, shòu xué
tronco (m)	树干	shù gàn
raiz (f)	树根	shù gēn
casca (f) de árvore	树皮	shùpí
musgo (m)	苔藓	tái xiǎn
arrancar pela raiz	根除	gēn chú
cortar (vt)	砍倒	kǎn dǎo
desflorestar (vt)	砍伐森林	kǎn fá sēn lín
toco, cepo (m)	树桩	shù zhuāng
fogueira (f)	篝火	gōu huǒ
incêndio (m) florestal	森林火灾	sēn lín huǒ zāi
apagar (vt)	扑灭	pū miè
guarda-parque (m)	护林员	hù lín yuán
proteção (f)	保护	bǎo hù
proteger (a natureza)	保护	bǎo hù
caçador (m) furtivo	偷猎者	tōu liè zhě
armadilha (f)	陷阱	xiàn jǐng
colher (cogumelos, bagas)	采集	cǎi jí
perder-se (vr)	迷路	mí lù

132. Recursos naturais

recursos (m pl) naturais	自然资源	zìrán zī yuán
minerais (m pl)	矿物	kuàng wù
depósitos (m pl)	矿层	kuàng céng
jazida (f)	矿田	kuàng tián
extrair (vt)	开采	kāi cǎi
extração (f)	采矿业	cǎi kuàng yè
minério (m)	矿石	kuàng shí
mina (f)	矿，矿山	kuàng, kuàng shān
poço (m) de mina	矿井	kuàng jǐng
mineiro (m)	矿工	kuàng gōng
gás (m)	煤气	méi qì
gasoduto (m)	煤气管道	méi qì guǎn dào

petróleo (m)	石油	shí yóu
oleoduto (m)	油管	yóu guǎn
poço (m) de petróleo	石油钻塔	shí yóu zuān tǎ
torre (f) petrolífera	钻油塔	zuān yóu tǎ
petroleiro (m)	油船，油轮	yóu chuán, yóu lún
areia (f)	沙，沙子	shā, shā zi
calcário (m)	石灰石	shí huī shí
cascalho (m)	砾石	lì shí
turfa (f)	泥煤	ní méi
argila (f)	粘土	nián tǔ
carvão (m)	煤	méi
ferro (m)	铁	tiě
ouro (m)	黄金	huáng jīn
prata (f)	银	yín
níquel (m)	镍	niè
cobre (m)	铜	tóng
zinco (m)	锌	xīn
manganês (m)	锰	měng
mercúrio (m)	水银	shuǐ yín
chumbo (m)	铅	qiān
mineral (m)	矿物	kuàng wù
cristal (m)	结晶	jié jīng
mármore (m)	大理石	dà lǐ shí
urânio (m)	铀	yóu

A Terra. Parte 2

133. Tempo

tempo (m)	天气	tiān qì
previsão (f) do tempo	气象预报	qìxiàng yùbào
temperatura (f)	温度	wēn dù
termômetro (m)	温度表	wēn dù biǎo
barômetro (m)	气压表	qì yā biǎo
umidade (f)	空气湿度	kōng qì shī dù
calor (m)	炎热	yán rè
tórrido (adj)	热的	rè de
está muito calor	天气热	tiān qì rè
está calor	天气暖	tiān qì nuǎn
quente (morno)	暖和的	nuǎn huo de
está frio	天气冷	tiān qì lěng
frio (adj)	冷的	lěng de
sol (m)	太阳	tài yáng
brilhar (vi)	发光	fā guāng
de sol, ensolarado	阳光充足的	yáng guāng chōng zú de
nascer (vi)	升起	shēng qǐ
pôr-se (vr)	落山	luò shān
nuvem (f)	云	yún
nublado (adj)	多云的	duō yún de
nuvem (f) preta	乌云	wū yún
escuro, cinzento (adj)	阴沉的	yīn chén de
chuva (f)	雨	yǔ
está a chover	下雨	xià yǔ
chuvoso (adj)	雨 ⋯ , 多雨的	yǔ ⋯, duō yǔ de
chuviscar (vi)	下毛毛雨	xià máo máo yǔ
chuva (f) torrencial	倾盆大雨	qīng pén dà yǔ
aguaceiro (m)	暴雨	bào yǔ
forte (chuva, etc.)	大 ⋯	dà …
poça (f)	水洼	shuǐ wā
molhar-se (vr)	淋湿	lín shī
nevoeiro (m)	雾气	wù qì
de nevoeiro	多雾的	duō wù de
neve (f)	雪	xuě
está nevando	下雪	xià xuě

134. Tempo extremo. Catástrofes naturais

trovoada (f)	大雷雨	dà léi yǔ
relâmpago (m)	闪电	shǎn diàn
relampejar (vi)	闪光	shǎn guāng
trovão (m)	雷，雷声	léi, léi shēng
trovejar (vi)	打雷	dǎ léi
está trovejando	打雷	dǎ léi
granizo (m)	雹子	báo zi
está caindo granizo	下冰雹	xià bīng báo
inundar (vt)	淹没	yān mò
inundação (f)	洪水	hóng shuǐ
terremoto (m)	地震	dì zhèn
abalo, tremor (m)	震动	zhèn dòng
epicentro (m)	震中	zhèn zhōng
erupção (f)	喷发	pèn fā
lava (f)	熔岩	róng yán
tornado (m)	旋风	xuànfēng
tornado (m)	龙卷风	lóng juàn fēng
tufão (m)	台风	tái fēng
furacão (m)	飓风	jù fēng
tempestade (f)	风暴	fēng bào
tsunami (m)	海啸	hǎi xiào
ciclone (m)	气旋	qì xuán
mau tempo (m)	恶劣天气	è liè tiān qì
incêndio (m)	火灾	huǒ zāi
catástrofe (f)	灾难	zāi nàn
meteorito (m)	陨石	yǔn shí
avalanche (f)	雪崩	xuě bēng
deslizamento (m) de neve	雪崩	xuě bēng
nevasca (f)	暴风雪	bào fēng xuě
tempestade (f) de neve	暴风雪	bào fēng xuě

Fauna

135. Mamíferos. Predadores

predador (m)	捕食者	bǔ shí zhě
tigre (m)	老虎	lǎo hǔ
leão (m)	狮子	shī zi
lobo (m)	狼	láng
raposa (f)	狐狸	húli
jaguar (m)	美洲豹	měi zhōu bào
leopardo (m)	豹	bào
chita (f)	猎豹	liè bào
pantera (f)	豹	bào
puma (m)	美洲狮	měi zhōu shī
leopardo-das-neves (m)	雪豹	xuě bào
lince (m)	猞猁	shē lì
coiote (m)	丛林狼	cóng lín láng
chacal (m)	豺	chái
hiena (f)	鬣狗	liè gǒu

136. Animais selvagens

animal (m)	动物	dòng wù
besta (f)	兽	shòu
esquilo (m)	松鼠	sōng shǔ
ouriço (m)	刺猬	cì wei
lebre (f)	野兔	yě tù
coelho (m)	家兔	jiā tù
texugo (m)	獾	huān
guaxinim (m)	浣熊	huàn xióng
hamster (m)	仓鼠	cāng shǔ
marmota (f)	土拨鼠	tǔ bō shǔ
toupeira (f)	鼹鼠	yǎn shǔ
rato (m)	老鼠	lǎo shǔ
ratazana (f)	大家鼠	dà jiā shǔ
morcego (m)	蝙蝠	biān fú
arminho (m)	白鼬	bái yòu
zibelina (f)	黑貂	hēi diāo
marta (f)	貂	diāo
doninha (f)	银鼠	yín shǔ
visom (m)	水貂	shuǐ diāo

| castor (m) | 海狸 | hǎi lí |
| lontra (f) | 水獭 | shuǐ tǎ |

cavalo (m)	马	mǎ
alce (m)	驼鹿	tuó lù
veado (m)	鹿	lù
camelo (m)	骆驼	luò tuo

bisão (m)	美洲野牛	měizhōu yěniú
auroque (m)	欧洲野牛	oūzhōu yěniú
búfalo (m)	水牛	shuǐ niú

zebra (f)	斑马	bān mǎ
antílope (m)	羚羊	líng yáng
corça (f)	狍子	páo zi
gamo (m)	扁角鹿	biǎn jiǎo lù
camurça (f)	岩羚羊	yán líng yáng
javali (m)	野猪	yě zhū

baleia (f)	鲸	jīng
foca (f)	海豹	hǎi bào
morsa (f)	海象	hǎi xiàng
urso-marinho (m)	海狗	hǎi gǒu
golfinho (m)	海豚	hǎi tún

urso (m)	熊	xióng
urso (m) polar	北极熊	běi jí xióng
panda (m)	熊猫	xióng māo

macaco (m)	猴子	hóu zi
chimpanzé (m)	黑猩猩	hēi xīng xing
orangotango (m)	猩猩	xīng xing
gorila (m)	大猩猩	dà xīng xing
macaco (m)	猕猴	mí hóu
gibão (m)	长臂猿	cháng bì yuán

elefante (m)	象	xiàng
rinoceronte (m)	犀牛	xī niú
girafa (f)	长颈鹿	cháng jǐng lù
hipopótamo (m)	河马	hé mǎ

| canguru (m) | 袋鼠 | dài shǔ |
| coala (m) | 树袋熊 | shù dài xióng |

mangusto (m)	猫鼬	māo yòu
chinchila (f)	毛丝鼠	máo sī shǔ
cangambá (f)	臭鼬	chòu yòu
porco-espinho (m)	箭猪	jiàn zhū

137. Animais domésticos

gata (f)	母猫	mǔ māo
gato (m) macho	雄猫	xióng māo
cavalo (m)	马	mǎ

garanhão (m)	公马	gōng mǎ
égua (f)	母马	mǔ mǎ
vaca (f)	母牛	mǔ niú
touro (m)	公牛	gōng niú
boi (m)	阉牛	yān niú
ovelha (f)	羊，绵羊	yáng, mián yáng
carneiro (m)	公绵羊	gōng mián yáng
cabra (f)	山羊	shān yáng
bode (m)	公山羊	gōng shān yáng
burro (m)	驴	lǘ
mula (f)	骡子	luó zi
porco (m)	猪	zhū
leitão (m)	小猪	xiǎo zhū
coelho (m)	家兔	jiā tù
galinha (f)	母鸡	mǔ jī
galo (m)	公鸡	gōng jī
pata (f), pato (m)	鸭子	yā zi
pato (m)	公鸭子	gōng yā zi
ganso (m)	鹅	é
peru (m)	雄火鸡	xióng huǒ jī
perua (f)	火鸡	huǒ jī
animais (m pl) domésticos	家畜	jiā chù
domesticado (adj)	驯化的	xùn huà de
domesticar (vt)	驯化	xùn huà
criar (vt)	饲养	sì yǎng
fazenda (f)	农场	nóng chǎng
aves (f pl) domésticas	家禽	jiā qín
gado (m)	牲畜	shēng chù
rebanho (m), manada (f)	群	qún
estábulo (m)	马厩	mǎ jiù
chiqueiro (m)	猪圈	zhū jiàn
estábulo (m)	牛棚	niú péng
coelheira (f)	兔舍	tù shè
galinheiro (m)	鸡窝	jī wō

138. Pássaros

pássaro (m), ave (f)	鸟	niǎo
pombo (m)	鸽子	gē zi
pardal (m)	麻雀	má què
chapim-real (m)	山雀	shān què
pega-rabuda (f)	喜鹊	xǐ què
corvo (m)	渡鸦	dù yā
gralha-cinzenta (f)	乌鸦	wū yā

gralha-de-nuca-cinzenta (f)	穴鸟	xué niǎo
gralha-calva (f)	秃鼻乌鸦	tū bí wū yā
pato (m)	鸭子	yā zi
ganso (m)	鹅	é
faisão (m)	野鸡	yě jī
águia (f)	鹰	yīng
açor (m)	鹰，隼	yīng, sǔn
falcão (m)	隼，猎鹰	sǔn, liè yīng
abutre (m)	秃鹫	tū jiù
condor (m)	神鹰	shén yīng
cisne (m)	天鹅	tiān é
grou (m)	鹤	hè
cegonha (f)	鹳	guàn
papagaio (m)	鹦鹉	yīng wǔ
beija-flor (m)	蜂鸟	fēng niǎo
pavão (m)	孔雀	kǒng què
avestruz (m)	鸵鸟	tuó niǎo
garça (f)	鹭	lù
flamingo (m)	火烈鸟	huǒ liè niǎo
pelicano (m)	鹈鹕	tí hú
rouxinol (m)	夜莺	yè yīng
andorinha (f)	燕子	yàn zi
tordo-zornal (m)	田鸫	tián dōng
tordo-músico (m)	歌鸫	gē jiū
melro-preto (m)	乌鸫	wū dōng
andorinhão (m)	雨燕	yǔ yàn
cotovia (f)	云雀	yún què
codorna (f)	鹌鹑	ān chún
pica-pau (m)	啄木鸟	zhuó mù niǎo
cuco (m)	布谷鸟	bù gǔ niǎo
coruja (f)	猫头鹰	māo tóu yīng
bufo-real (m)	雕号鸟	diāo hào niǎo
tetraz-grande (m)	松鸡	sōng jī
tetraz-lira (m)	黑琴鸡	hēi qín jī
perdiz-cinzenta (f)	山鹑	shān chún
estorninho (m)	椋鸟	liáng niǎo
canário (m)	金丝雀	jīn sī què
galinha-do-mato (f)	花尾秦鸡	huā yǐ qín jī
tentilhão (m)	苍头燕雀	cāng tóu yàn què
dom-fafe (m)	红腹灰雀	hóng fù huī què
gaivota (f)	海鸥	hǎi ōu
albatroz (m)	信天翁	xìn tiān wēng
pinguim (m)	企鹅	qǐ é

139. Peixes. Animais marinhos

brema (f)	鳊鱼	biān yú
carpa (f)	鲤鱼	lǐyú
perca (f)	鲈鱼	lú yú
siluro (m)	鲶鱼	nián yú
lúcio (m)	狗鱼	gǒu yú
salmão (m)	鲑鱼	guī yú
esturjão (m)	鲟鱼	xú nyú
arenque (m)	鲱鱼	fēi yú
salmão (m) do Atlântico	大西洋鲑	dà xī yáng guī
cavala, sarda (f)	鲭鱼	qīng yú
solha (f), linguado (m)	比目鱼	bǐ mù yú
lúcio perca (m)	白梭吻鲈	bái suō wěn lú
bacalhau (m)	鳕鱼	xuě yú
atum (m)	金枪鱼	jīn qiāng yú
truta (f)	鳟鱼	zūn yú
enguia (f)	鳗鱼，鳝鱼	mán yú, shàn yú
raia (f) elétrica	电鳐目	diàn yáo mù
moreia (f)	海鳝	hǎi shàn
piranha (f)	食人鱼	shí rén yú
tubarão (m)	鲨鱼	shā yú
golfinho (m)	海豚	hǎi tún
baleia (f)	鲸	jīng
caranguejo (m)	螃蟹	páng xiè
água-viva (f)	海蜇	hǎi zhē
polvo (m)	章鱼	zhāng yú
estrela-do-mar (f)	海星	hǎi xīng
ouriço-do-mar (m)	海胆	hǎi dǎn
cavalo-marinho (m)	海马	hǎi mǎ
ostra (f)	牡蛎	mǔ lì
camarão (m)	虾，小虾	xiā, xiǎo xiā
lagosta (f)	螯龙虾	áo lóng xiā
lagosta (f)	龙虾科	lóng xiā kē

140. Anfíbios. Répteis

cobra (f)	蛇	shé
venenoso (adj)	有毒的	yǒu dú de
víbora (f)	蝮蛇	fù shé
naja (f)	眼镜蛇	yǎn jìng shé
píton (m)	蟒蛇	mǎng shé
jiboia (f)	大蟒蛇	dà mǎng shé
cobra-de-água (f)	水游蛇	shuǐ yóu shé

cascavel (f)	响尾蛇	xiǎng wěi shé
anaconda (f)	森蚺	sēn rán
lagarto (m)	蜥蜴	xī yì
iguana (f)	鬣鳞蜥	liè lín xī
varano (m)	巨蜥	jù xī
salamandra (f)	蝾螈	róng yuán
camaleão (m)	变色龙	biàn sè lóng
escorpião (m)	蝎子	xiē zi
tartaruga (f)	龟	guī
rã (f)	青蛙	qīng wā
sapo (m)	蟾蜍	chán chú
crocodilo (m)	鳄鱼	è yú

141. Insetos

inseto (m)	昆虫	kūn chóng
borboleta (f)	蝴蝶	hú dié
formiga (f)	蚂蚁	mǎ yǐ
mosca (f)	苍蝇	cāng ying
mosquito (m)	蚊子	wén zi
escaravelho (m)	甲虫	jiǎ chóng
vespa (f)	黄蜂	huáng fēng
abelha (f)	蜜蜂	mì fēng
mamangaba (f)	熊蜂	xióng fēng
moscardo (m)	牛虻	niú méng
aranha (f)	蜘蛛	zhī zhū
teia (f) de aranha	蜘蛛网	zhī zhū wǎng
libélula (f)	蜻蜓	qīng tíng
gafanhoto (m)	蝗虫	huáng chóng
traça (f)	蛾	é
barata (f)	蟑螂	zhāng láng
carrapato (m)	壁虱	bì shī
pulga (f)	跳蚤	tiào zao
borrachudo (m)	蠓	měng
gafanhoto (m)	蝗虫	huáng chóng
caracol (m)	蜗牛	wō niú
grilo (m)	蟋蟀	xī shuài
pirilampo, vaga-lume (m)	萤火虫	yíng huǒ chóng
joaninha (f)	瓢虫	piáo chóng
besouro (m)	大傈鳃角金龟	dà lì sāi jiǎo jīn guī
sanguessuga (f)	水蛭	shuǐ zhì
lagarta (f)	毛虫	máo chóng
minhoca (f)	虫，蠕虫	chóng, rú chóng
larva (f)	幼虫	yòu chóng

Flora

142. Árvores

árvore (f)	树，乔木	shù, qiáo mù
decídua (adj)	每年落叶的	měi nián luò yè de
conífera (adj)	针叶树	zhēn yè shù
perene (adj)	常绿树	cháng lǜ shù
macieira (f)	苹果树	píngguǒ shù
pereira (f)	梨树	lí shù
cerejeira (f)	欧洲甜樱桃树	ōuzhōu tián yīngtáo shù
ginjeira (f)	樱桃树	yīngtáo shù
ameixeira (f)	李树	lǐ shù
bétula (f)	白桦，桦树	bái huà, huà shù
carvalho (m)	橡树	xiàng shù
tília (f)	椴树	duàn shù
choupo-tremedor (m)	山杨	shān yáng
bordo (m)	枫树	fēng shù
espruce (m)	枞树，杉树	cōng shù, shān shù
pinheiro (m)	松树	sōng shù
alerce, lariço (m)	落叶松	luò yè sōng
abeto (m)	冷杉	lěng shān
cedro (m)	雪松	xuě sōng
choupo, álamo (m)	杨	yáng
tramazeira (f)	花楸	huā qiū
salgueiro (m)	柳树	liǔ shù
amieiro (m)	赤杨	chì yáng
faia (f)	山毛榉	shān máo jǔ
ulmeiro, olmo (m)	榆树	yú shù
freixo (m)	白腊树	bái là shù
castanheiro (m)	栗树	lì shù
magnólia (f)	木兰	mù lán
palmeira (f)	棕榈树	zōng lǜ shù
cipreste (m)	柏树	bǎi shù
embondeiro, baobá (m)	猴面包树	hóu miàn bāo shù
eucalipto (m)	桉树	ān shù
sequoia (f)	红杉	hóng shān

143. Arbustos

arbusto (m)	灌木	guàn mù
arbusto (m), moita (f)	灌木	guàn mù

videira (f)	葡萄	pú tao
vinhedo (m)	葡萄园	pú táo yuán
framboeseira (f)	悬钩栗	xuán gōu lì
groselheira-vermelha (f)	红醋栗	hóng cù lì
groselheira (f) espinhosa	醋栗	cù lì
acácia (f)	金合欢	jīn hé huān
bérberis (f)	小檗	xiǎo bò
jasmim (m)	茉莉	mò li
junípero (m)	刺柏	cì bǎi
roseira (f)	玫瑰丛	méi guī cóng
roseira (f) brava	犬蔷薇	quǎn qiáng wēi

144. Frutos. Bagas

maçã (f)	苹果	píng guǒ
pera (f)	梨	lí
ameixa (f)	李子	lǐ zi
morango (m)	草莓	cǎo méi
ginja (f)	樱桃	yīngtáo
cereja (f)	欧洲甜樱桃	oūzhōu tián yīngtáo
uva (f)	葡萄	pú tao
framboesa (f)	覆盆子	fù pén zi
groselha (f) negra	黑醋栗	hēi cù lì
groselha (f) vermelha	红醋栗	hóng cù lì
groselha (f) espinhosa	醋栗	cù lì
oxicoco (m)	小红莓	xiǎo hóng méi
laranja (f)	橙子	chén zi
tangerina (f)	橘子	jú zi
abacaxi (m)	菠萝	bō luó
banana (f)	香蕉	xiāng jiāo
tâmara (f)	海枣	hǎi zǎo
limão (m)	柠檬	níng méng
damasco (m)	杏子	xìng zi
pêssego (m)	桃子	táo zi
quiuí (m)	猕猴桃	mí hóu táo
toranja (f)	葡萄柚	pú tao yòu
baga (f)	浆果	jiāng guǒ
bagas (f pl)	浆果	jiāng guǒ
arando (m) vermelho	越橘	yuè jú
morango-silvestre (m)	草莓	cǎo méi
mirtilo (m)	越橘	yuè jú

145. Flores. Plantas

flor (f)	花	huā
buquê (m) de flores	花束	huā shù

rosa (f)	玫瑰	méi guī
tulipa (f)	郁金香	yù jīn xiāng
cravo (m)	康乃馨	kāng nǎi xīn
gladíolo (m)	唐菖蒲	táng chāng pú
centáurea (f)	矢车菊	shǐ chē jú
campainha (f)	风铃草	fēng líng cǎo
dente-de-leão (m)	蒲公英	pú gōng yīng
camomila (f)	甘菊	gān jú
aloé (m)	芦荟	lúhuì
cacto (m)	仙人掌	xiān rén zhǎng
fícus (m)	橡胶树	xiàng jiāo shù
lírio (m)	百合花	bǎi hé huā
gerânio (m)	天竺葵	tiān zhú kuí
jacinto (m)	风信子	fēng xìn zǐ
mimosa (f)	含羞草	hán xiū cǎo
narciso (m)	水仙	shuǐ xiān
capuchinha (f)	旱金莲	hàn jīn lián
orquídea (f)	兰花	lán huā
peônia (f)	芍药	sháo yao
violeta (f)	紫罗兰	zǐ luó lán
amor-perfeito (m)	三色堇	sān sè jǐn
não-me-esqueças (m)	勿忘草	wù wàng cǎo
margarida (f)	雏菊	chú jú
papoula (f)	罂粟	yīng sù
cânhamo (m)	大麻	dà má
hortelã, menta (f)	薄河	bó hé
lírio-do-vale (m)	铃兰	líng lán
campânula-branca (f)	雪花莲	xuě huā lián
urtiga (f)	荨麻	qián má
azedinha (f)	酸模	suān mó
nenúfar (m)	睡莲	shuì lián
samambaia (f)	蕨	jué
líquen (m)	地衣	dì yī
estufa (f)	温室	wēn shì
gramado (m)	草坪	cǎo píng
canteiro (m) de flores	花坛，花圃	huā tán, huā pǔ
planta (f)	植物	zhí wù
grama (f)	草	cǎo
folha (f) de grama	叶片	yè piàn
folha (f)	叶子	yè zi
pétala (f)	花瓣	huā bàn
talo (m)	茎	jīng
tubérculo (m)	块茎	kuài jīng
broto, rebento (m)	芽	yá

espinho (m)	刺	cì
florescer (vi)	开花	kāi huā
murchar (vi)	枯萎	kū wěi
cheiro (m)	香味	xiāng wèi
cortar (flores)	切	qiē
colher (uma flor)	采，摘	cǎi, zhāi

146. Cereais, grãos

grão (m)	谷物	gǔ wù
cereais (plantas)	谷类作物	gǔ lèi zuò wù
espiga (f)	穗	suì

trigo (m)	小麦	xiǎo mài
centeio (m)	黑麦	hēi mài
aveia (f)	燕麦	yàn mài
painço (m)	粟，小米	sù, xiǎo mǐ
cevada (f)	大麦	dàmài

milho (m)	玉米	yù mǐ
arroz (m)	稻米	dào mǐ
trigo-sarraceno (m)	荞麦	qiáo mài

ervilha (f)	豌豆	wān dòu
feijão (m) roxo	四季豆	sì jì dòu
soja (f)	黄豆	huáng dòu
lentilha (f)	兵豆	bīng dòu
feijão (m)	豆子	dòu zi

PAÍSES. NACIONALIDADES

147. Europa Ocidental

Europa (f)	欧洲	oūzhōu
União (f) Europeia	欧盟	oūméng
Áustria (f)	奥地利	aòdìlì
Grã-Bretanha (f)	大不列颠	dàbùlièdiān
Inglaterra (f)	英国	yīngguó
Bélgica (f)	比利时	bǐlìshí
Alemanha (f)	德国	dé guó
Países Baixos (m pl)	荷兰	hélán
Holanda (f)	荷兰	hélán
Grécia (f)	希腊	xīlà
Dinamarca (f)	丹麦	dānmài
Irlanda (f)	爱尔兰	aìěrlán
Islândia (f)	冰岛	bīngdǎo
Espanha (f)	西班牙	xībānyá
Itália (f)	意大利	yìdàlì
Chipre (m)	塞浦路斯	sàipǔlùsī
Malta (f)	马耳他	mǎěrtā
Noruega (f)	挪威	nuówēi
Portugal (m)	葡萄牙	pútáoyá
Finlândia (f)	芬兰	fēnlán
França (f)	法国	fǎguó
Suécia (f)	瑞典	ruìdiǎn
Suíça (f)	瑞士	ruìshì
Escócia (f)	苏格兰	sūgélán
Vaticano (m)	梵蒂冈	fàndìgāng
Liechtenstein (m)	列支敦士登	lièzhīdūnshìdēng
Luxemburgo (m)	卢森堡	lúsēnbǎo
Mônaco (m)	摩纳哥	mónàgē

148. Europa Central e de Leste

Albânia (f)	阿尔巴尼亚	āěrbāníyà
Bulgária (f)	保加利亚	bǎojiālìyà
Hungria (f)	匈牙利	xiōngyálì
Letônia (f)	拉脱维亚	lātuōwéiyà
Lituânia (f)	立陶宛	lìtáowǎn
Polônia (f)	波兰	bōlán

Romênia (f)	罗马尼亚	luómǎníyà
Sérvia (f)	塞尔维亚	sāiěrwéiyà
Eslováquia (f)	斯洛伐克	sīluòfákè

Croácia (f)	克罗地亚	kèluódìyà
República (f) Checa	捷克共和国	jiékè gònghéguó
Estônia (f)	爱沙尼亚	àishāníyà

Bósnia e Herzegovina (f)	波斯尼亚和黑塞哥维那	bōsīníyà hé hēisègēwéinà
Macedônia (f)	马其顿	mǎqídùn
Eslovênia (f)	斯洛文尼亚	sīluòwénníyà
Montenegro (m)	黑山	hēishān

149. Países da ex-URSS

| Azerbaijão (m) | 阿塞拜疆 | āsàibàijiāng |
| Armênia (f) | 亚美尼亚 | yàměiníyà |

Belarus	白俄罗斯	báiéluósī
Geórgia (f)	格鲁吉亚	gélǔjíyà
Cazaquistão (m)	哈萨克斯坦	hāsàkèsītǎn
Quirguistão (m)	吉尔吉斯	jíěrjísī
Moldávia (f)	摩尔多瓦	móěrduōwǎ

| Rússia (f) | 俄罗斯 | éluósī |
| Ucrânia (f) | 乌克兰 | wūkèlán |

Tajiquistão (m)	塔吉克斯坦	tǎjíkèsītǎn
Turquemenistão (m)	土库曼斯坦	tǔkùmànsītǎn
Uzbequistão (f)	乌兹别克斯坦	wūzībiékèsītǎn

150. Asia

Ásia (f)	亚洲	yàzhōu
Vietnã (m)	越南	yuènán
Índia (f)	印度	yìndù
Israel (m)	以色列	yǐsèliè

China (f)	中国	zhōngguó
Líbano (m)	黎巴嫩	líbānèn
Mongólia (f)	蒙古	ménggǔ

| Malásia (f) | 马来西亚 | mǎláixīyà |
| Paquistão (m) | 巴基斯坦 | bājīsītǎn |

Arábia (f) Saudita	沙特阿拉伯	shātè ālābó
Tailândia (f)	泰国	tàiguó
Taiwan (m)	台湾	táiwān
Turquia (f)	土耳其	tǔěrqí
Japão (m)	日本	rìběn
Afeganistão (m)	阿富汗	āfùhàn
Bangladesh (m)	孟加拉国	mèngjiālāguó

| Indonésia (f) | 印度尼西亚 | yìndùníxīyà |
| Jordânia (f) | 约旦 | yuēdàn |

Iraque (m)	伊拉克	yīlākè
Irã (m)	伊朗	yīlǎng
Camboja (f)	柬埔寨	jiǎnpǔzhài
Kuwait (m)	科威特	kēwēitè

Laos (m)	老挝	lǎowō
Birmânia (f)	缅甸	miǎndiàn
Nepal (m)	尼泊尔	níbóěr
Emirados Árabes Unidos	阿联酋	ēliánqiú

Síria (f)	叙利亚	xùlìyà
Palestina (f)	巴勒斯坦	bālèsītǎn
Coreia (f) do Sul	韩国	hánguó
Coreia (f) do Norte	北朝鲜	běicháoxiǎn

151. América do Norte

Estados Unidos da América	美国	měiguó
Canadá (m)	加拿大	jiānádà
México (m)	墨西哥	mòxīgē

152. América Central do Sul

Argentina (f)	阿根廷	āgēntíng
Brasil (m)	巴西	bāxī
Colômbia (f)	哥伦比亚	gēlúnbǐyà
Cuba (f)	古巴	gǔbā
Chile (m)	智利	zhìlì

Bolívia (f)	玻利维亚	bōlìwéiyà
Venezuela (f)	委内瑞拉	wěinèiruìlā
Paraguai (m)	巴拉圭	bālāguī
Peru (m)	秘鲁	bìlǔ
Suriname (m)	苏里南	sūlǐnán
Uruguai (m)	乌拉圭	wūlāguī
Equador (m)	厄瓜多尔	èguāduōěr
Bahamas (f pl)	巴哈马群岛	bāhāmǎ qúndǎo
Haiti (m)	海地	hǎidì

República Dominicana	多米尼加共和国	duōmǐníjiāgònghéguó
Panamá (m)	巴拿马	bānámǎ
Jamaica (f)	牙买加	yámǎijiā

153. Africa

| Egito (m) | 埃及 | āijí |
| Marrocos | 摩洛哥 | móluògē |

Tunísia (f)	突尼斯	tūnísī
Gana (f)	加纳	jiā nà
Zanzibar (m)	桑给巴尔	sāngjǐbāěr
Quênia (f)	肯尼亚	kěn ní yà
Líbia (f)	利比亚	lìbǐyà
Madagascar (m)	马达加斯加	mǎdájiāsījiā
Namíbia (f)	纳米比亚	nàmǐbǐyà
Senegal (m)	塞内加尔	sàinèijiāěr
Tanzânia (f)	坦桑尼亚	tǎnsāngníyà
África (f) do Sul	南非	nánfēi

154. Austrália. Oceania

Austrália (f)	澳大利亚	àodàlìyà
Nova Zelândia (f)	新西兰	xīnxīlán
Tasmânia (f)	塔斯马尼亚	tǎsīmǎníyà
Polinésia (f) Francesa	法属波利尼西亚	fǎshǔ bōlìníxīyà

155. Cidades

Amesterdã, Amsterdã	阿姆斯特丹	āmǔsītèdān
Ancara	安卡拉	ānkǎlā
Atenas	雅典	yǎdiǎn
Bagdade	巴格达	bāgédá
Bancoque	曼谷	màngǔ
Barcelona	巴塞罗那	bāsàiluónà
Beirute	贝鲁特	bèilǔtè
Berlim	柏林	bólín
Bonn	波恩	bōēn
Bordéus	波尔多	bōěrduō
Bratislava	布拉蒂斯拉发	bùlādìsīlāfā
Bruxelas	布鲁塞尔	bùlǔsàiěr
Bucareste	布加勒斯特	bùjiālèsītè
Budapeste	布达佩斯	bùdápèisī
Cairo	开罗	kāiluó
Calcutá	加尔各答	jiāěrgèdá
Chicago	芝加哥	zhījiāgē
Cidade do México	墨西哥城	mòxīgēchéng
Copenhague	哥本哈根	gēběnhāgēn
Dar es Salaam	达累斯萨拉姆	dálèisàlāmǔ
Deli	德里	délǐ
Dubai	迪拜	díbài
Dublim	都柏林	dūbólín
Düsseldorf	杜塞尔多夫	dùsàierduōfū
Estocolmo	斯德哥尔摩	sīdégēěrmó
Florença	佛洛伦萨	fóluòlúnsà

Frankfurt	法兰克福	fǎlánkèfú
Genebra	日内瓦	rìnèiwǎ
Haia	海牙	hǎiyá
Hamburgo	汉堡	hàn bǎo
Hanói	河内	hénèi
Havana	哈瓦那	hāwǎnà
Helsinque	赫尔辛基	hèěrxīnjī
Hiroshima	广岛	guǎngdǎo
Hong Kong	香港	xiānggǎng
Istambul	伊斯坦布尔	yīsītǎnbùěr
Jerusalém	耶路撒冷	yēlùsālěng
Kiev, Quieve	基辅	jīfǔ
Kuala Lumpur	吉隆坡	jílóngpō
Lion	里昂	lǐáng
Lisboa	里斯本	lǐsīběn
Londres	伦敦	lúndūn
Los Angeles	洛杉矶	luòshānjī
Madrid	马德里	mǎdélǐ
Marselha	马赛	mǎsài
Miami	迈阿密	màiāmì
Montreal	蒙特利尔	méngtèlìěr
Moscou	莫斯科	mòsīkē
Mumbai	孟买	mèngmǎi
Munique	慕尼黑	mùníhēi
Nairóbi	内罗毕	nèiluóbì
Nápoles	那布勒斯	nàbùlēisī
Nice	尼斯	nísī
Nova York	纽约	niǔyuē
Oslo	奥斯陆	àosīlù
Ottawa	渥太华	wòtàihuá
Paris	巴黎	bālí
Pequim	北京	běijīng
Praga	布拉格	bùlāgé
Rio de Janeiro	里约热内卢	lǐyuērènèilú
Roma	罗马	luómǎ
São Petersburgo	圣彼得堡	shèngbǐdébǎo
Seul	首尔	shǒuěr
Singapura	新加坡	xīnjiāpō
Sydney	悉尼	xīní
Taipé	台北	táiběi
Tóquio	东京	dōngjīng
Toronto	多伦多	duōlúnduō
Varsóvia	华沙	huáshā
Veneza	威尼斯	wēinísī
Viena	维也纳	wéiyěnà
Washington	华盛顿哥伦比亚特区	huáshèngdùn gēlúnbǐyà tèqū
Xangai	上海	shànghǎi

www.ingramcontent.com/pod-product-compliance
Lightning Source LLC
LaVergne TN
LVHW051743080426
835511LV00018B/3199